UN CHANT DE GLOIRE

Padre Gioacchino La Lomia

Aimée VIRGONE

UN CHANT DE GLOIRE

P. GIOACCHINO LA LOMIA

HUMBLE SERVITEUR DE DIEU

MISSIONNAIRE CAPUCIN

CANICATTÌ (SICILE)

Vice-Postulation Couvent des Pères Capucins

CANICATTÌ (Sicile)

Que le cœur de ceux qui cherchent l'Éternel se réjouisse !

Ps 105:3

Sources utilisées

En ce qui concerne certaines narrations ou correspondances, l'auteur a volontairement et scrupuleusement respecté les textes existants, par une traduction souvent littérale, sans essayer d'en enrichir l'histoire ou d'en modifier l'écriture, afin d'en garder fidèlement toute l'authenticité et la vérité.

P. Vincenzo Sena	Testimonianza sul servo di Dio Canicattì	 1930-1935
P. Giuseppe M. Raimondo	Il P. Gioacchino La Lomia Canicattì 2e éd.	 1912 (réédit. 1995)
Giorgio Papàsogli	Il padre La Lomia Rome	 1971
P. Antonio da Stigliano	Nobiltà Eroica Canicattì	 1978
Vice-Postulazione dei Cappuccini	Cenni Biografici del servo di Dio Palerme	 1970
P. Giovanni Spagnolo	Trascinatore di folle Canicattì	 1981
Monseigneur Francesco Gioia	Gioacchino La Lomia Profilo spirituale dalle lettere San Cataldo (Cl)	 1996

Et la Sainte Bible.

Autres ouvrages édités sur le père La Lomia

Monseigneur Cataldo Naro

Gioacchino La Lomia
S. Sciascia Edit.
Caltanissetta - Rome 1995

Monseigneur Cataldo Naro

I Cappuccini in Sicilia nell'Otto Novecento
S. Sciascia Edit.
Caltanissetta - Rome 2001

PRÉFACE

Je connais et j'admire profondément Joseph et Aimée Virgone, dévots passionnés du père Gioacchino La Lomia, déclaré par l'Eglise vénérable serviteur de Dieu. Ensemble, ils témoignent leur foi en mettant tous leurs talents à l'honneur de cet humble et grand Missionnaire Capucin de Canicattì (Sicile) auprès des Indiens du Brésil.

En feuilletant le manuscrit, fruit d'un travail accompli avec amour et préoccupation de fidélité pour ce qu'a été ce fils de François d'Assise et à la documentation à leur disposition, je crois que nous avons sous les yeux une biographie très édifiante dans un style populaire appréciable. Aimée a écrit dans un dialogue continu avec son mari Joseph, artiste de la couleur et de la pierre, qui a fait la monumentale statue en plâtre du père Gioacchino, installée dans l'église du couvent des Capucins à Canicattì dédiée à la Madonna della Rocca et les très belles peintures reproduites dans ce livre.

Naturellement, il ne faut pas oublier la précieuse collaboration de la communauté des Capucins, en particulier du très cher padre Gaspare Lo Nigro, vice postulateur (1992-2001) de la Cause de béatification du serviteur de Dieu P. Gioacchino. L'auteur de cette biographie se dit *indigne et ignorante ;* en réalité la sagesse de Dieu et de ses Saints, comme de la Vierge Marie, se révèle dans les humbles et les petits, selon l'esprit de l'Évangile.

En tant que missionnaire pour les migrants et qui a eu la grâce de connaître tant de Siciliens immigrés dans le Borinage en Belgique, et à Lyon et Grenoble en France, je me suis senti toujours très proche de ces mineurs des soufrières de la province de Caltanissetta.

Je suis allé plusieurs fois en Sicile et je suis resté un bon mois à Montedoro près des "solfatare" que j'ai visitées.

Et bien, en lisant "Un chant de gloire", j'ai approfondi ma connaissance de cette belle Sicile, toujours convoitée dans les siècles passés par plusieurs pays. Mais surtout, j'ai découvert de tout près la figure extraordinaire, dont j'avais souvent entendu parler par les migrants siciliens, de père Gioacchino de Canicattì, grand homme de Dieu, grand missionnaire, un vrai fils de St François d'Assise, thaumaturge, doté aussi dans l'art poétique et d'un amour séraphique de la nature. *Que tes œuvres sont belles, que tes œuvres sont grandes ! Seigneur, Seigneur, tu nous combles de joie* – dit un chant français.

Oui, le Seigneur a accompli une œuvre grande dans l'humble père Gioacchino et nous prions afin que l'Église un jour le propose comme exemple, modèle de Disciple du Christ, un Saint.

Mission catholique italienne
Grenoble, le 11.09.2002

P. Rino Gnesotto
Missionnaire Scalabrinien
Délégué diocésain de la pastorale
des migrants de Grenoble

NOTE DE L'AUTEUR

L'origine de ce livre prend naissance dans une œuvre créée par mon mari le peintre et sculpteur italo-français Joseph Virgone de Tullins en France, natif de Sommatino en Sicile.

En effet, entre 1996 et 1997 cet artiste a réalisé une sculpture, œuvre mythique et monumentale, à la gloire de padre Gioacchino La Lomia, humble père Capucin, mort en 1905.

Cette statue, désormais installée dans le couvent des pères Capucins de Canicattì en Sicile, est un symbole de foi et un hommage rendu à ce serviteur de Dieu, aimé et vénéré par toute une population.

Aussi, afin que padre Gioacchino soit encore plus connu des personnes francophones, surtout à l'aube de sa glorification terrestre, j'ai essayé d'évoquer sa vie exceptionnelle et surnaturelle en m'aidant de divers ouvrages italiens.

Après les avoir réunis, étudiés et résumés, tous ces écrits, certains datant de près d'un siècle, m'ont permis d'apporter, à mon tour, une nouvelle pierre à cet édifice glorieux.

Mais la première source de référence, pour nous auteurs, reste toujours les manuscrits inédits de padre Vincenzo Sena (1871-1949), ami et confident de padre Gioacchino qu'il a côtoyé pendant 25 ans (de 1880 à 1905). À l'époque, padre Gioacchino appelait parfois padre Sena (qui n'avait alors que 10 ans), pour lui faire recopier ses poésies.

Ainsi, pour tous ses textes et notes biographiques sur l'humble père, nous devons à padre Sena une profonde gratitude.

C'est également à padre Giuseppe Maria Raimondo Supérieur du couvent des Franciscains à Baida (Palerme), talentueux écrivain à l'âme de poète, mort trop jeune en 1924, que je tiens à rendre hommage.

Son livre, écrit en 1912 (réédité en 1995), m'a beaucoup aidée pour la généalogie de la famille La Lomia, l'enfance de padre Gioacchino, l'appel à la vie religieuse, la correspondance, les poésies, certains faits prodigieux...

et en particulier pour le chapitre de la translation. Non seulement Padre Raimondo connaissait aussi padre Gioacchino, mais surtout il fut présent à ces cérémonies.

Son témoignage est donc particulièrement essentiel et son ouvrage sur padre Gioacchino fut longtemps l'unique biographie éditée disponible et qui, encore aujourd'hui, fait école.

Giorgio Papàsogli, brillant écrivain, m'a apporté des éléments très importants concernant la vie de padre Gioacchino au Brésil, la situation de l'Ordre religieux en Sicile, le retour de l'apôtre dans son pays natal avec la construction du couvent de Canicattì et jusqu'à la mort de l'humble père.

Padre Antonio de Stigliano, lui, m'a fourni de nombreuses précisions, surtout pour l'évocation de certains faits miraculeux et autres prodiges du serviteur de Dieu.

En ce qui concerne certains extraits de lettres de padre Gioacchino, ils ont été portés à la connaissance des fidèles par Monseigneur Francesco Gioia qui fut Archevêque de Camerino, dans son livre : Profil spirituel des lettres.

Cette correspondance de padre Gioacchino, souvent intime sur ses sentiments, nous délivre un message personnel et sa lecture sait toucher le cœur de chacun d'entre nous.

Que tous ces illustres auteurs (Frères Mineurs Capucins, Supérieurs et Gardiens de couvent, Archevêque...), aux insignes compétences et études théologiques, pédagogiques, littéraires... soient donc chaleureusement remerciés pour m'avoir offert une source limpide et généreuse, où j'ai pu ainsi puiser de précieuses informations.

Quant à moi, c'est pendant la guerre en 1944 que je suis née en France à Tullins-Fures, dans le département de l'Isère.

Mon prénom, Aimée, m'a d'ailleurs été donné par mes parents en mémoire d'un cousin de Chambéry, résistant dans le Vercors, mort pour la France à 19 ans, tué par les soldats allemands lors de la tragédie de Malleval où près de quarante maquisards et civils furent mitraillés, martyrisés, brûlés.

Le Gisant, monument aux résistants, rappelle que Malleval fut un important maquis créé par l'abbé Pierre, alors vicaire à la cathédrale Notre-Dame de Grenoble.

En 1972, je suis devenue une modeste épouse, puis une mère de trois enfants : Michel (1974), Myriam (1978), Charly (1979) et aussi la grand-mère d'une petite Laurie née en 2000, deux mille ans après le Christ, et d'un petit Mattéo Charly né pour les fêtes de Noël 2002.

En 1998, j'ai choisi de quitter mes fonctions d'adjointe des cadres au service comptabilité du centre hospitalier de ma ville natale, après avoir travaillé 35 ans dans des services administratifs.

Désormais, sans contraintes professionnelles, je peux me consacrer en toute liberté à mes activités familiales, artistiques, culturelles (expositions, voyages, lecture, écriture...). Et, bien "qu'indigne et ignorante", comme se qualifiait souvent padre Gioacchino, j'ai cependant mis toute ma volonté et mon courage à entreprendre et réaliser ce livre à la gloire de Dieu, de Padre Gioacchino et de tous les Saints.

DÉDICACE

Cet ouvrage sur ce Saint homme, je le dédie à Padre Gaspare Lo Nigro père Capucin, ancien Supérieur et vice-postulateur du couvent de Canicattì, religieux à l'esprit cultivé, brillant et efficace qui a consacré toute sa vie au Seigneur au travers de sa musique, de ses écrits et de ses actions pour la glorification des saints serviteurs de Dieu.

Seule une encyclopédie pourrait contenir l'énumération de ses titres, de ses qualités et de tous ses mérites artistiques, littéraires et religieux.

Padre Gaspare Lo Nigro est né à Altofonte (Palerme) le 8 mai 1922 dans un lieu merveilleux appelé "Parco", connu pour sa verdoyante colline plantée d'agrumes, de figuiers et de vignes dominant la mer. Tout jeune, il était déjà un élève studieux apprenant le latin et qui allait se distinguer parmi les petits chanteurs dans les chorales des églises. Souvent, il servait la messe à Don Andrea Di Carlo dans l'église du collège de Parco et ce prêtre, ayant sans doute remarqué sa précocité intellectuelle, lui permettait volontiers de lire les ouvrages de la bibliothèque communale. À 11 ans, il fut admis dans le collège séraphique des Capucins de San Michele de Caltanissetta et dans la "Schola Cantorum", il chantait même le grégorien.

Il commençait aussi à bien lire les partitions musicales. Pendant deux ans, au lycée des Capucins de Monreale à la "Casa Santa", il devait apprendre également le grec. Après cinq ans de vie commune parmi les Capucins de Caltanissetta et Monreale, il avait mûri sa vocation à la prêtrise et à la vie religieuse. Il voulait poursuivre sur le chemin de Saint François d'Assise.

À 16 ans, il choisissait d'aller au noviciat de Caccamo qui jadis avait accueilli Padre Gioacchino après son périple de 150 kilomètres à pied. Envoyé ensuite à Salemi (Trapani), il devait y rester trois ans, apprenant en même temps la musique. Après plusieurs années de brillantes études théologiques, philosophiques, musicales dans de très nombreuses villes d'Italie, il allait devenir maître de chapelle des Capucins à Palerme et organiste.

Le 28 juillet 1946, Padre Gaspare était ordonné prêtre à Palerme.

Puis, le Ministre général, un Américain Padre Clemente de Milwaukee lui accordait le titre de prédicateur lui permettant d'entrer en plein dans l'activité de frère Capucin. Il allait devenir aussi assistant spirituel des scouts catholiques italiens.

Et, à 28 ans, le Supérieur provincial, le nommait chef de la communauté religieuse de Salemi où il restera six ans. La même année, l'Évêque de Mazara del Vallo lui demandait de s'occuper aussi d'une paroisse rurale.

À 34 ans, il avait déjà accompli dix ans de sacerdoce.

Ses nombreux diplômes musicaux obtenus à Palerme, Venise, Milan, allaient lui permettre de devenir titulaire de la chaire de musique chorale et de la direction du chœur au conservatoire Vincenzo Bellini à Palerme. D'ailleurs, dans le cadre de la musique instrumentale, vocale et électronique, nombreuses ont été ses publications et ses créations (plus de 180 compositions musicales et 80 morceaux poétiques).

En 1968, à Corfou, il accompagnait à l'harmonium la "messe sacerdotale" qu'il avait composée. Et le 17 février 1970, son Eminence le Cardinal Francesco Carpino Archevêque de Palerme le nommait consultant musical pour la musique liturgique dans l'archidiocèse de Palerme, en soulignant la grande importance de la musique sacrée dans la formation du Peuple de Dieu.

Padre Gaspare, en 1983, fut élu par les Capucins, Supérieur de la Sicile occidentale : Palerme - Trapani - Agrigente - Caltanissetta et ses tâches l'envoyèrent parfois hors d'Italie, jusqu'aux missions de Colombie et du Libéria à Monrovia.

Souvent ses confrères le sollicitaient en sa qualité de compositeur musical. En 1986, fut publiée la musique d'une messe avec le titre franciscain "Pace e bene" (Paix et bien), pour chœur à trois voix.

Entré au couvent de Canicattì le 1er septembre 1992, il était nommé Supérieur et vice-postulateur le 20 novembre 1992.

Padre Gaspare a aussi écrit de nombreux articles dans diverses revues et publications (Fiamma Serafica, Notiziario du Centre d'Etudes Cammarata, Canicattì Nuova...), ainsi que l'introduction du livre de l'Archevêque Francesco Gioia sur Padre Gioacchino La Lomia.

D'après un livre de poèmes de 1998 du défunt Évêque d'Agrigente Monseigneur Giuseppe Petralia, Padre Gaspare a mis en musique et en chorale deux d'entre eux : "Palmiers et oliviers", "Prière et poésie".

Seul un véritable religieux, poète et musicien, pouvait embellir et chanter ainsi la poésie.

Aussi, je vais évoquer encore deux très beaux poèmes pleins d'amour filial, écrits pour ses parents : "Stanco è il cuore" (Fatigué est le cœur), écrit à l'approche de la mort de son père et "Nel dare tu cresci" (En donnant, tu t'élèves) dédié à sa mère.

En mai 2002, Padre Gaspare Lo Nigro a fêté ses 80 ans.

Mais depuis quelques années, il ne peut plus écrire de poèmes ou jouer de l'orgue ayant subi en 1996 une intervention cardiologique et souffrant de diabète. Cependant, bien que gravement malade et immobilisé au monastère de Palerme dans sa cellule, il est resté en contact constant avec le monde extérieur et avec nous bien sûr.

Non seulement nos liens de grande affection se sont encore resserrés, mais Padre Gaspare notre père spirituel, si précieux à notre existence, a continué à participer très activement à l'écriture de ce livre en nous envoyant de Sicile des documents d'une extrême importance, afin que nous puissions mener à terme "notre mission".

Grâce à ses multiples interventions et travaux de recherche, la Cause de béatification et de canonisation du vénérable Padre Gioacchino s'est encore intensifiée ces derniers temps. Et, malgré tous ses douloureux problèmes de santé, sa vitalité et son énergie spirituelle sont encore un exemple pour beaucoup d'entre nous.

Fort heureusement, certaines autorités compétentes ont su apprécier son travail.

Dans une lettre d'août 2000, dont j'ai pu avoir connaissance, Fra Paolino Rossi Postulateur général de l'Ordre des Frères mineurs Capucins à Rome le remerciait de son travail assidu, effectué avec tant de zèle, de passion et d'amour.

Il rappelait aussi qu'une Postulation fonctionnait bien dans les mains d'une personne juste, de cœur, et à l'esprit génial ; qualités de Padre Gaspare Lo Nigro. Le Postulateur général lui disait aussi qu'il partageait sa joie et celle de ses confrères pour l'achèvement de la restauration de la maison natale du serviteur de Dieu et qu'il le remerciait, non seulement pour le travail en faveur de la Cause de béatification et de canonisation de Padre Gioacchino, mais aussi pour tout ce qu'il avait fait pour le Bienheureux Bernardo de Corleone.

"Tutto si deve a Lei, al suo lavoro, alla sua fiducia e speranza !"

Dans une autre lettre importante de mai 2002, Fra Anselmo Caradonna Ministre provincial des Frères mineurs Capucins à Palerme, rappelait que le 23 avril 2002 sa Sainteté, le Pape Jean-Paul II avait reconnu officiellement les vertus héroïques du serviteur de Dieu Padre Gioacchino, à presque un an de la canonisation du Bienheureux Bernardo de Corleone.

Il remerciait le Seigneur de cette gloire dont il avait bien voulu enrichir leur province aimée. Il était juste, et de son devoir, de reconnaître les mérites de tous ceux qui avaient travaillé et travailleront pour la glorification du Vénérable Padre Gioacchino.

Le Ministre provincial faisait ensuite une mention toute particulière de Padre Gaspare Lo Nigro qui avait assumé le dur et compliqué travail de recherches des procès canoniques en souffrance dans les archives du Vatican. Ce travail pesant nécessitait compétence, patience et amour… toutes qualités que possède Padre Gaspare.

Fra Anselmo Caradonna le remerciait encore en son nom, celui de Ministre provincial de Palerme et au nom de tous les frères de cette province de Capucins.

Après ces deux lettres, particulièrement élogieuses et honorifiques nous tenons nous aussi à vous remercier, très cher Padre Gaspare, ainsi que tous les pères Capucins de Canicattì et de Palerme.

Par votre chaleureux accueil, vous nous avez ouvert la porte de votre cœur lors de nos séjours au monastère de Canicattì, en particulier pour l'installation de "la statue de Padre Gioacchino".

Je terminerai la dédicace de cet ouvrage, qui est aussi le vôtre, en reprenant le titre de votre récent livre sur Padre Gianfrancesco Campadonico : "Un uomo di Dio", un homme de Dieu.

En effet, et justement, vous aussi "Caro Padre" êtes un homme de Dieu et un père de l'Église.

Désormais, Padre Gioacchino est devenu un arbre de l'éternel, un cèdre du Liban, étendant ses branches sur l'humanité. Et, de cet arbre majestueux dont la racine est Saint François d'Assise, vous êtes l'une des branches qui ont apporté les fruits de l'espérance à tous les fidèles et dévots de l'humble père.

Très cher Padre Gaspare,

Que votre lumière brille toujours comme celle de Padre Gioacchino La Lomia et qu'elle nous éclaire encore longtemps pour la gloire de Dieu.

Padre Gaspare Lo Nigro

"Aux artistes tu confies la mission de révéler la splendeur de ton visage.
Fais que leurs œuvres portent à l'humanité un message de paix et d'espérance"

La prière des heures (La preghiera delle ore)

De la liturgie IIIe semaine – Mardi – Vêpres, p. 227.

INTRODUCTION
"Sicilia Mia"

On ne peut se faire une idée de l'Italie sans voir la Sicile. C'est en Sicile que se trouve la clef de tout.

Goethe en 1787

Un auteur ne peut donc parler "d'un Sicilien" sans avoir tout d'abord évoqué, même brièvement, son pays, sa ville, la terre qui l'a vu naître et dont il est si fier et amoureux.

Je suis Sicilien et je m'en vante, écrivait Padre Gioacchino La Lomia dans l'une de ses poésies. Et aussi : *Ma terre est un vrai Paradis.*

Indomptable Sicile, presque inaccessible au milieu de trois mers, plus grande île de la Méditerranée, pays des légendes antiques, où la nature domine l'homme.

Dans l'Odyssée, Homère définissait la Sicile comme étant l'île du soleil. Mais elle est aussi une terre de feu, un royaume où règne l'Etna, le plus grand volcan d'Europe et aussi l'un des plus actifs de la planète.

Pourtant, au pied de ce monstre cracheur de feu et de cendres, sur cette terre généreuse, les orangers et les citronniers de la plaine de Catane apportent la prospérité à l'île. Mais l'Etna n'est pas le seul volcan et les Îles Éoliennes sont la demeure du Stromboli, tout près de Messine, porte de la Sicile.

Seul le détroit, aux redoutables tourbillons pour les navigateurs, sépare la Calabre de la Sicile dont Palerme est la capitale et Rosalie, la sainte patronne. Cette célèbre cité d'art, au doux climat, est bordée par un golfe enchanteur, sur la mer Tyrrhénienne avec Mondello, petit village de pêcheurs et station balnéaire bien connue. Du mont Pellegrino, le magnifique panorama sur la "Conca d'Oro", ses collines plantées d'oliviers, de palmiers, de vignobles, ses jardins, sa nature luxuriante en font un endroit privilégié.

Il existe aussi à Palerme un lieu où il est possible d'oublier l'agitation de la ville, un lieu de quiétude et de prières : c'est le couvent des pères Capucins où Padre Gioacchino La Lomia se rendait souvent. Il était d'ailleurs si fier d'appartenir à cette province aimée de Palerme (sa province monastique).

Sicile, Palerme, Rosalie...
sont les noms que je n'oublie pas.
... Lorsque je me vois affligé et me lamente
Je dis, beau Palerme, ma cité...

Et en effet, cette capitale réunit mille mystères, mille merveilles avec son centre historique, son palais des Normands (siège du parlement de la région sicilienne), sa cathédrale aux trésors religieux et artistiques, sa chapelle Palatine, ses quatro Canti, sa place Pretoria avec ses magnifiques sculptures. Bien d'autres édifices sont à découvrir dont l'Eglise de la Magione où Padre Gioacchino La Lomia a été ordonné prêtre. Même le grand marché très animé est à lui seul une richesse de couleurs et de senteurs.

On y trouve une profusion de fruits exotiques, d'agrumes, de figues de Barbarie, de pastèques, de nèfles, de pistaches, d'amandes ; et bien sûr le raisin "Italia". Et, comme sur une palette de peintre, les fleurs multicolores et odorantes nous dévoilent toutes leurs nuances. Sur les étals, les spécialités locales et les typiques fromages au lait de brebis (ricotta) nous font penser à tous ces troupeaux que l'on peut apercevoir dans les collines arides et caillouteuses de l'île.

Plus loin, langoustes, crevettes, corail, coquillages, étoiles de mer, éponges naturelles complètent cet éventail de couleurs. Il y a aussi les thons énormes qui évoquent les pêches miraculeuses effectuées après une bénédiction de Padre Gioacchino, sans oublier les fameux espadons à la longue épée, fierté des pêcheurs siciliens.

Alors, comment ne pas être heureux à Palerme en se promenant aussi dans le parc planté de citronniers et en parcourant les immenses salles du couvent des Capucins où règnent paix et sérénité. D'ailleurs, notre bref séjour parmi les quarante pères reste l'agréable souvenir d'un chaleureux accueil.

Quant aux célèbres catacombes de Palerme (en sous-sol du couvent), elles nous obligent à la réflexion et à avoir un peu plus d'humilité.

Et, tout près de Palerme, un autre lieu nous fait prendre également conscience de notre très humble et insignifiante personne : c'est le Dôme de Monreale. Devant la magnificence de ce chef-d'œuvre d'art et de foi pour la Sainte Vierge Marie, on se sent littéralement écrasés, tant notre admiration est grande. La splendeur et la finesse des mosaïques nous racontent l'histoire de l'Ancien et du Nouveau Testament dans un cadre somptueux en marbre et en or.

En 1926, cette cathédrale a été élevée au titre de Basilique mineure.

Et, dans son abside médiane, on peut admirer la figure colossale du Christ "Pantocratore", ainsi que la Vierge à l'Enfant, entourée d'anges et d'apôtres. Dans le livre que le Christ tient à la main, est écrit en grec et latin :

LA SICILE

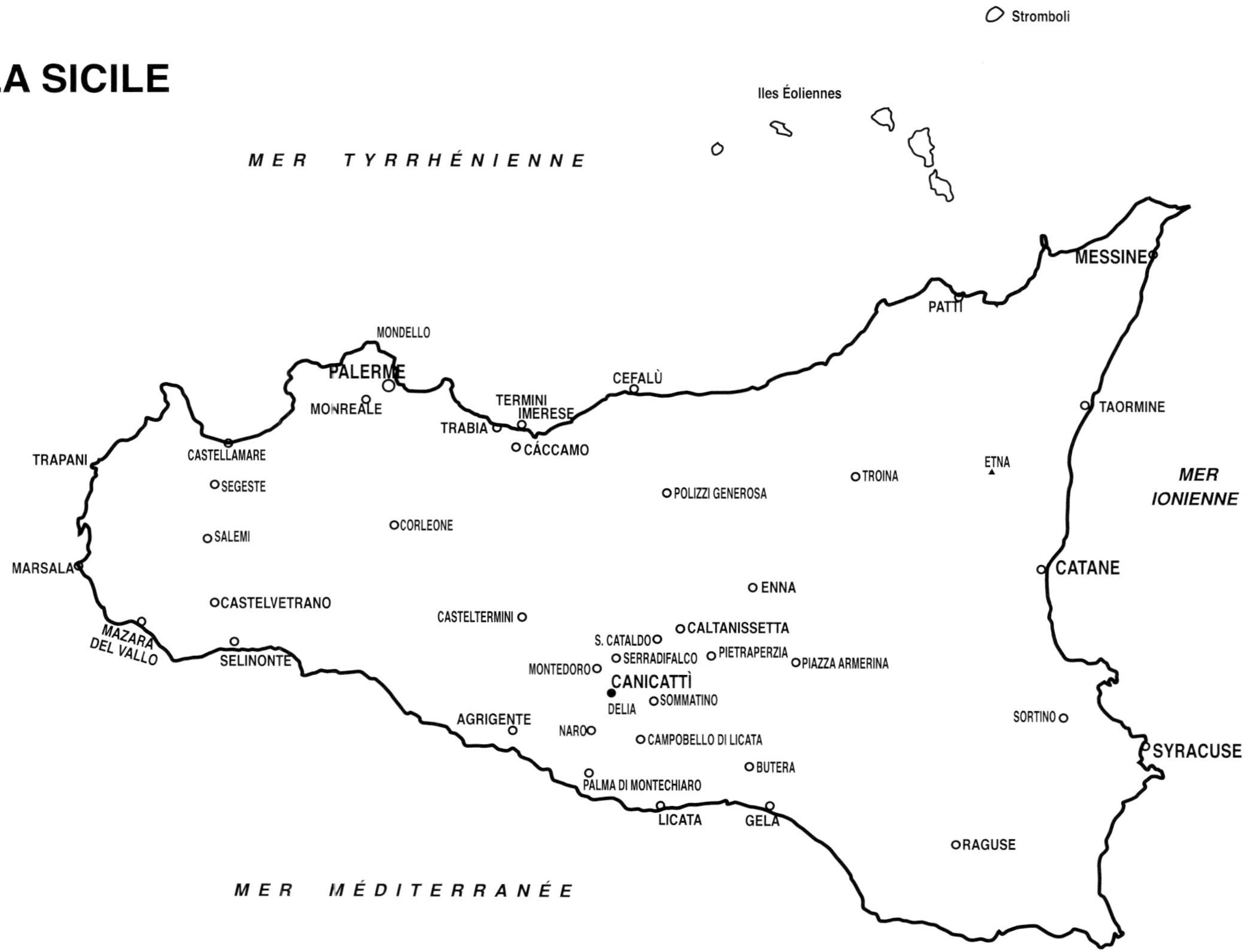
Stromboli
Iles Éoliennes
MER TYRRHÉNIENNE
MESSINE
PATTI
MONDELLO
PALERME
MONREALE
TERMINI IMERESE
CEFALÙ
TAORMINE
TRABIA
CÁCCAMO
TRAPANI
CASTELLAMARE
ETNA
MER IONIENNE
TROINA
SEGESTE
POLIZZI GENEROSA
CORLEONE
SALEMI
MARSALA
CATANE
ENNA
CASTELVETRANO
CASTELTERMINI
CALTANISSETTA
S. CATALDO
MAZARA DEL VALLO
SELINONTE
SERRADIFALCO
PIETRAPERZIA
PIAZZA ARMERINA
MONTEDORO
CANICATTÌ
DELIA
SOMMATINO
AGRIGENTE
NARO
SORTINO
SYRACUSE
CAMPOBELLO DI LICATA
BUTERA
PALMA DI MONTECHIARO
LICATA
GELA
RAGUSE
MER MÉDITERRANÉE

Je suis la lumière du monde : qui me suit, ne marche pas dans les ténèbres.

Quant au cloître, avec ses colonnades finement incrustées, il avait fasciné Guy de Maupassant qui disait :

Comment ne pas aimer ce cloître, lieu tranquille, qui semble faire naître des pensées profondes, pendant qu'à pas lents on se promène sous les arcades.

Par tous ces monuments, ces basiliques, ces édifices, on se rend mieux compte que cette île a un héritage cosmopolite : Sicile normande de Palerme, byzantine de Syracuse, arabe de Trapani, grecque de Catane et Agrigente.

C'est d'ailleurs à Agrigente que se trouve la célèbre "vallée des Temples" avec les ruines grandioses de vingt temples grecs défiant le temps, ville connue aussi pour ses fêtes de l'amandier en fleur. Mais, c'est également à Agrigente que frère Gioacchino Fedele prononçait en 1853 ses vœux solennels.

Toutes ces villes et bien d'autres renferment, elles aussi, des trésors avec de somptueux palais, des musées, des basiliques, des sites archéologiques, des vestiges phéniciens, grecs et romains. À Piazza Armerina se trouvent les magnifiques mosaïques romaines, de la villa impériale du Casale.

Mais, il y a surtout les beautés naturelles de la Sicile : ses collines arides semblables à des paysages lunaires, ses côtes sinueuses vers Cefalù, Selinonte ou Taormine qui domine la mer Ionienne comme un joyau dans son écrin d'azur. Il y a bien sûr aussi ses immenses étendues de vignobles, de plantations d'agrumes, d'oliviers, d'amandiers et ses forêts d'eucalyptus.

Malheureusement, le déboisement en faveur de la culture du blé et des céréales a contribué à l'assèchement des fleuves, modifiant le régime des pluies. Aussi, la sécheresse a envahi une grande partie de l'île, anéantissant parfois les cultures et même les bêtes. Les vallons sont en plus asséchés par un vent chaud, le sirocco, venu du Continent africain et qui apporte avec lui des nuages de sable du Sahara. Pourtant, cette terre volcanique est particulièrement fertile et généreuse, et les récoltes sont souvent abondantes.

En Sicile, l'élevage est encore une tradition et lorsque les bergers arrivent près des abreuvoirs avec leurs troupeaux de moutons et de chèvres, cette vision pastorale a, pour le citadin, un caractère irréel comme provenant d'un autre temps.

Tout est beauté : les champs de blés dorés qui ondulent sous le vent, les pierres qui scintillent au soleil, les chardons sauvages qui poussent entre les rochers, les bougainvillées.

Il y a aussi les agaves géants, les cactus, les caroubiers, les pistachiers et même les fenouils couverts de petits escargots ou les buissons de câpres aux belles fleurs roses. Et, le long des rivages escarpés, les petits ports de pêche blottis près des églises apportent à leurs habitants les généreux fruits de la mer.

À Trapani, ce sont les salines qui étendent leurs montagnes de sel aux pieds des moulins à vent. Mais la terre et le sous-sol comptent encore bien d'autres ressources avec les carrières de pierre ponce, le marbre de Segeste, les sources thermales et tous les vignobles célèbres produisant des vins forts et moelleux, des muscats ou le renommé Marsala.

Quant aux anciens gisements de soufre, dont l'exploitation a été progressivement abandonnée entre 1950 et 1970, ils ont fait la fortune de la Sicile tout en étant l'antre du diable et l'enfer pour les malheureux mineurs de Sommatino, Caltanissetta, Serradifalco, Montedoro...

Mais la Sicile c'est aussi la joie dans la prière avec ses processions, ses fêtes fastueuses car l'âme sicilienne aime célébrer Dieu, la Vierge et tous les Saints. Culture et tradition persistent.

Si à Palerme Sainte Rosalie est vénérée pour avoir épargné la ville d'une épidémie de peste, à Syracuse on fête Sainte Lucie.

À Sommatino, ville natale de mon mari, c'est Sainte Barbara glorieuse vierge et martyre qui est la sainte patronne et qui est invoquée par les habitants lors des orages afin qu'elle les protège de la foudre. Sainte Barbara était aussi la patronne des mineurs de soufre, ainsi que la Vierge des douleurs "l'Addolorata".

Les "Zolfatai" de la minière Trabia avaient d'ailleurs fait réaliser un tableau pour l'église madre de Sommatino, représentant la veuve donnant l'obole.

À Caltanissetta, le Saint patron de la ville c'est Saint Michel, nom de la cathédrale et du collège des Capucins. Et pour Canicattì, c'est Saint Diego. C'est d'ailleurs dans l'église de San Diego qu'avait eu lieu la première prédication de Padre Gioacchino après son retour du Brésil, ainsi que la guérison miraculeuse d'un paralytique.

Autour de ces célébrations et de ces fêtes locales, l'artisanat s'est encore développé : poteries, céramiques... Quant aux célèbres chariots siciliens, véritables chefs-d'œuvre de décorations, ils font aussi partie du patrimoine artistique, ainsi que le théâtre des "Pupi" (marionnettes).

Sur les neuf provinces qui forment la Sicile : Agrigente, Caltanissetta, Catane, Enna, Messine, Palerme, Raguse, Syracuse, Trapani, toutes possèdent des richesses, des trésors donnés par la nature ou créés par l'homme. Mais, c'est la province d'Agrigente (où se trouve Canicattì), qui a donné le jour à une famille illustre et en particulier au petit Gaetano La Lomia, devenu le Vénérable Padre Gioacchino de Canicattì, lumière et gloire de toute la Sicile.

"Sicilia bella", terre que l'on n'oublie jamais.

Oliviers en Sicile

CHAPITRE I

Naissance et enfance de Padre Gioacchino

1. La famille La Lomia
2. Naissance de Gaetano (Padre Gioacchino Fedele)
3. Jeunesse et Éducation.

1. La famille La Lomia

La famille La Lomia est l'une des plus anciennes de Canicattì en Sicile et l'on trouve ce nom parmi les notables de la ville depuis 1620, avec diverses orthographes : La Lomia, La Lumia, Lomia, Lumia.

Mais l'origine de la "branche" qui nous intéresse est Don Giuseppe La Lomia qui venait de Palerme et qui était apparenté avec les plus importantes familles non seulement de Canicattì, mais de Caltanissetta, Favara, Licata et Palerme.

Son fils, Marco, sera décoré du titre baronal en 1790 par le Roi Ferdinand Ier, avec le droit de le transmettre par testament. D'un premier mariage, le baron Marco aura dix enfants et quatre en secondes noces.

À sa mort, le titre sera transmis à Agostino, aîné des enfants du deuxième mariage. Le baron Agostino La Lomia aura lui aussi de nombreux enfants (huit), dont Donna Eleonora La Lomia Li Chiavi, la mère de Gaetano, le vénéré Padre Gioacchino de Canicattì.

Quant au père de Padre Gioacchino, le baron Don Nicolò, il était lui-même le fils de Don Antonio, l'un des dix enfants du premier mariage du baron Marco. Du mariage de Don Nicolò avec sa cousine Donna Eleonora, en 1818, naîtront neuf enfants avec, parmi eux, le futur Saint homme.

Déjà, dans la généalogie de cette famille, on rencontre des noms illustres :

– P. Girolamo da Cammarata Capucin aux dons miraculeux.

– Don Vito Marco Giuseppe Chanoine, archidiacre de la cathédrale de Girgenti (Agrigente), professeur de droit canonique et de théologie morale.

– Don Gioacchino ministre de Grâce, de Justice et de Culte sous le règne de Ferdinand II.

– Don Ferdinando jurisconsulte insigne.

– Don Francesco lui aussi jurisconsulte valeureux.

– Don Emmanuele poète de grande valeur.

– Donna Rosalia femme de vertu exemplaire.

Malgré le faste et les richesses, la famille La Lomia démontre ainsi qu'avant tout primait la vertu, avec toutes ses qualités morales et religieuses. Aussi, tout au long de ces pages, nous verrons comment le petit Gaetano, né riche avec le titre de baron a cependant choisi de vivre dans la pauvreté comme Saint François d'Assise.

Perpétuant une glorieuse lignée, le vénérable Padre Gioacchino allait mourir aimé de tous, dans la sainteté.

2. Naissance de Gaetano (Padre Gioacchino Fedele)

C'est à Canicattì, en Sicile, qu'est né le 3 mars 1831, le serviteur de Dieu, Padre Gioacchino Fedele, fils de la noble et illustre famille La Lomia.

Le jour suivant, le 4 mars 1831, il fut baptisé dans l'église Madre de Canicattì par le révérend père Don Biagio Salomone et tenu sur les fonts baptismaux par son parrain Don Emanuele La Lomia et sa marraine Donna Carolina La Lomia (Lumia).

D'après son acte de Baptême, rédigé en latin, il reçut le nom de Gaetano.

Parents, amis, voisins, tous venaient voir l'enfant, le petit Gaetanino. Tout le monde voulait le prendre dans ses bras pour l'embrasser ou le caresser.

Le gracieux sourire du bébé donnait à chacun une grande joie.

La maison des barons La Lomia était éclairée et inondée de bonheur.

Si le voile qui cache aux mortels les choses célestes avait pu se soulever un peu autour du berceau, on aurait aperçu des anges étendant leurs ailes d'or pour éloigner les ombres qui accompagnent toujours la vie humaine[1].

Son père, le baron Don Nicolò, docteur en droit, homme de grand cœur estimé de tous s'était uni, le 11 octobre 1818, avec sa cousine la noble et vertueuse Donna Eleonora, fille du baron Agostino.

Don Nicolò, fils de Don Antonio, était un homme pieux et charitable, prenant toujours la défense des plus faibles. C'était aussi un riche propriétaire

1) P. Giuseppe M. Raimondo

terrien qui s'employait à secourir beaucoup de gens pauvres, en les embauchant et en les faisant travailler sur ses terres.

Ses méthodes d'administration de ses biens favorisaient les classes sociales les plus démunies. Il mettait en commun les fruits de ses fermes, donnant généreusement aux pauvres et ne gardant pour lui-même et sa famille que l'indispensable.

Tous pouvaient aller glaner dans ses terres, ramasser des fèves ou cueillir grappes de raisin, amandes et olives.

Tous devaient manger...

À ce propos, l'un de ses frères étant plus désavantagé, Don Nicolò ne s'asseyait jamais à table sans lui avoir envoyé, ainsi qu'à sa famille, un bon repas.

Don Nicolò était aussi poète. Il écrivait également des textes sur l'agriculture et des recueils en vers sur le Pape et la Passion du Christ.

Donna Eleonora, elle aussi, était modeste, et pleine de charisme. Afin de secourir les miséreux et de leur offrir toujours plus, elle n'hésitait pas à se priver et à sacrifier une grande partie de ses biens personnels.

Elle allait d'ailleurs devenir un modèle d'enseignement pour les siens.

De leur union allaient naître neuf enfants : Giacinto, Gaetano, Emanuele, Teresa, Maria, Emanuela, Concetta, Antonio, Giuseppe.

Mais c'est Gaetano (Padre Gioacchino), leur septième enfant, qui devait illuminer beaucoup de cœurs et apporter un nouveau sourire dans la maison.

Malheureusement, son père allait mourir d'une pneumonie le 28 août 1834, à l'âge de quarante ans. Il laissait neuf orphelins, dont le petit "Gaetanino" qui n'avait alors que trois ans et demi et une femme affligée, dans l'angoisse d'être désormais seule pour élever dignement ses nombreux enfants.

Peu avant sa mort, son mari lui avait dit une parole particulièrement étrange, hors d'un langage courant :

Je t'aiderai pour le salut de nos enfants et, dans l'année, je viendrai en prendre quelques-uns...

Quatre de ces neuf enfants allaient en effet rejoindre le Paradis.

– Maria devait mourir à l'âge de seize ans en 1837, pendant l'épidémie de choléra.

– Trois autres enfants allaient mourir jeunes : Giacinto, Emanuela en 1843 et Antonio, dit "cosa bbona", chose bonne, en 1834 à douze ans.

– Un autre fils, Emanuele, s'éteindra à vingt-neuf ans.

– Gaetanino restait désormais sous la vigilance de Donna Eleonora, sa mère, qui allait l'élever dans un esprit de charité et de perfection chrétienne.

Elle ne passait pas son temps à recevoir "l'aristocratie". Bien au contraire, avec son bon cœur, elle invitait ses voisines, des femmes de condition modeste, pour coudre ou filer la laine à la lumière de sa lampe à huile.

Dans ce cadre intime, s'échangeaient amitié et conseils pour une vie de sagesse.

À Canicattì, les femmes avaient l'habitude pour sortir de porter une mantille, longue écharpe noire qu'elles enroulaient autour de leur tête et de leurs épaules et qui les protégeait aussi du froid.

Certaines plus pauvres, en étaient dépourvues. Alors, Donna Eleonora en offrit une, puis deux, puis d'autres encore et finit par leur dire de se servir (à ses frais bien évidemment) directement chez le marchand.

Pour assumer ces nombreuses dépenses, Donna Eleonora fut d'ailleurs contrainte de vendre la propriété de "Cuccavecchia", terre précieuse qui aujourd'hui vaut une fortune.

À ceux qui la critiquaient, malgré sa distinction, lorsqu'elle était habillée modestement, elle disait :

Même ainsi, les gens savent que je suis la fille du baron Agostino et ils me respectent. Mais les pauvres, eux, ne sont respectés par personne.

Alors, pour qu'ils aient toujours à manger, une grosse marmite de nourriture leur était quotidiennement réservée.

En cortège, ils venaient chercher leur plat de pâtes et, chose merveilleuse et surprenante, ce chaudron ne se vidait jamais.

Pendant des années, et jusqu'à sa mort, Donna Eleonora offrira chaque jour une petite fleur d'amitié ou de réconfort à son prochain montrant ainsi à ses enfants et à son entourage l'exemple et le secret d'une vie "NOBLE".

3. Jeunesse et Éducation

D'une grande vivacité, plein d'exubérance, Gaetanino grandissait, sociable et généreux, se révélant docile dans ses études et son éducation.

Pourtant, sa nature fantaisiste et son jeune âge lui faisaient parfois commettre de grosses bêtises.

En Sicile, en 1840, un problème crucial était le manque d'eau. L'une des tâches primordiales et quotidiennes des femmes était d'aller remplir des cruches aux points d'eau existants, souvent très éloignés.

D'ailleurs, même aujourd'hui au 3e millénaire, la distribution de cette mane céleste est restée toujours aussi parcimonieuse, rationnée et irrégulière. Parfois, les pluies se font attendre dans certaines contrées pendant de très longs mois et même toute une année. Aussi, en période de sécheresse, seules les réserves personnelles dans des citernes ou des bidons, permettent de remédier un peu à cette carence très pénible à supporter.

Or, un jour, une femme était entrée dans l'église pour prier. À l'entrée, elle avait déposé son précieux trésor : une cruche d'eau qu'elle venait de ramener de la fontaine. Mais, lorsqu'elle voulut reprendre son cher bien, il avait disparu.

Gaetanino, par jeu et par gaminerie, avait tout simplement caché la "quartara" obligeant la brave femme affolée à perdre son temps en vaines recherches. Finalement, tout rentra dans l'ordre avec les excuses du coupable.

Ses enfantillages ne faisaient pourtant que commencer. Gaetanino, avec d'autres petits garnements, avaient entrepris d'embêter des femmes du peuple qui revenaient d'une vieille fontaine ducale, à Sainte Lucie.

Leur route avait été longue et poussiéreuse et la corvée d'eau, pénible et astreignante. Elles avaient dû patienter longtemps autour de la source, avant de pouvoir remplir amphores, brocs et cruches.

Au retour, les porteuses d'eau avec leurs lourdes charges sur la tête n'avaient pas remarqué le fil tendu en travers du chemin par les galopins. Il était d'ailleurs suffisamment haut pour rester inaperçu. Aussi, le résultat ne s'était pas fait attendre. Les poteries déséquilibrées s'étaient renversées, éclaboussant et mouillant les pauvres femmes avant de se briser par terre. C'était un vrai désastre !...

Plus d'eau, plus de récipient et plus de repas possible.

Mais le petit Gaetanino était encore trop jeune pour réaliser la portée de ses mauvaises plaisanteries.

Une fin d'après-midi, un paysan revenait de la campagne tirant par la bride son petit âne chargé de paille. Tout à coup, ayant senti une résistance de la part de l'animal, l'homme s'était retourné pour constater, horrifié, que le chargement de paille était en feu.

Fort heureusement, grâce à une intervention rapide, l'incident se terminait sans conséquences dramatiques. Mais, là encore, Gaetanino n'était pas étranger à cette histoire.

Toutefois, sans en être encore conscient, l'épine du regret et du repentir s'était infiltrée au plus profond de lui-même et allait le conduire vers des chemins plus honorables.

Instinctivement et tout naturellement, son âme sensible allait se consacrer aux êtres défavorisés, aux mendiants de la ville.

Un jour, entrant dans la boutique d'un boulanger, il avait emporté tous les pains frais et croustillants pour les distribuer aux pauvres qui, très souvent, le suivaient ou jouaient avec lui sous les balcons du palais familial à trois étages, dans la rue Galilée.

Une autre fois, il avait promis de la nourriture à plusieurs de ses amis affamés. Aussi, ayant senti une bonne odeur de repas chez l'un de ses voisins maître Lattuga, forgeron, il s'était caché pour le surveiller patiemment. Celui-ci s'étant éloigné un instant, Gaetanino en avait profité pour bondir et s'emparer d'une marmite remplie d'un bon bouillon de viande qu'il s'était empressé d'offrir à ses compagnons de jeux.

Peut-être pour faire oublier "le blason" de sa famille et se faire pardonner d'être né baron, il n'hésitait pas à rentrer chez lui sans ses chaussures, sa bonté et sa générosité lui ayant conseillé de les donner. Donna Eleonora bien sûr le réprimandait, tout en intervenant lorsque c'était nécessaire pour réparer les dommages causés par le noble idéal de son fils. Conséquence de son éducation, cette mère au cœur généreux avait auprès d'elle un futur apôtre de Dieu.

La religion rend pur et élève les âmes. L'éducation de Gaetanino fut donc intensément chrétienne et souvent avec innocence il répétait les sermons entendus à l'église. Donna Eleonora allait tous les jours à la messe et communiait, son petit Gaetanino à ses côtés. Puis, elle emmenait son fils au collège de Marie, à l'église de Saint Giuseppe. Ainsi Gaetanino grandissait en vertus, entouré de choses célestes.

Le 15 mai 1839, il lui fut conféré le Sacrement de la "Cresima" (Confirmation) et vers douze ans il recevait sa première Communion. Ces Sacrements furent pour lui les premiers grains d'une longue vie de "serviteur de Dieu".

Sa piété, sa générosité, ses prières étaient un sourire de charité chrétienne pour son prochain. Dans cette famille, où l'observation de la loi divine était parfaite, il se mettait toujours au service des indigents, suivant l'exemple de sa mère dont la bonté était sans limites.

Ainsi qu'on a pu le dire, cette famille était vraiment "une couvée de saints".

D'ailleurs, l'un de ses frères, Emanuele mort à vingt-neuf ans, est enterré dans l'église de San Domenico près de l 'autel de la Madone du Rosaire, avec cette épigraphe sur son sépulcre :

"Emanuele detto il buono".

Car, en effet, il était également d'une bonté exceptionnelle et d'une grande finesse spirituelle.

Avant de mourir, il avait voulu absolument vendre une maison qu'il aimait beaucoup et qui se trouvait en face de l'église Madre.

Ce détachement envers ses biens terrestres, ce sacrifice personnel, allaient le soulager et le libérer. Son esprit pouvait désormais se consacrer entièrement à Dieu.

Leur sœur Concetta aussi allait se tourner vers le Seigneur. Devenue religieuse dans la Congrégation du collège de Marie à Canicattì, elle laissait le monde avec simplicité et sérénité pour le couvent.

Cette ambiance familiale, pleine de félicité allait concourir à donner à Gaetano un tempérament plein de force et à le disposer à la grâce divine.

Pourtant, de graves bouleversements politiques allaient perturber la jeunesse sicilienne éprise d'un idéal de liberté et d'une Patrie forte et unie. Gaetano cependant allait résister à ces passions et à cette lutte qui l'entraînaient au bord du mal. Mais une autre bataille appelait déjà Gaetano, car le Seigneur le destinait à une autre mission.

Bienheureux fut vraiment Don Gaetano La Lomia, toujours avide d'écouter la parole de Dieu.

CHAPITRE II

L'appel à la vocation religieuse

1. Padre Michele et les missionnaires de Palerme
2. Noviciat à Girgenti

1. Padre Michele et les missionnaires de Palerme

En mars 1851, huit missionnaires Capucins étaient arrivés du monastère de Palerme, guidés par Padre Michele de San Cataldo, ex-provincial, pour prêcher les Saintes Missions.

Cet événement religieux revêtait une importance toute particulière et suscitait à la population un plaisir enthousiaste, dû à la renommée des pères et à la confiance qu'ils inspiraient.

Aussi, depuis l'aube, les gens avaient quitté leurs habitations pour se rendre à Canicattì, à l'église de "San Diego".

C'était un froid matin de mars. La campagne était encore gelée et hommes et femmes se pressaient en essayant de se protéger du vent glacial qui cinglait et rougissait leurs visages. Les routes étaient boueuses en raison des dernières pluies et les enfants piétinaient et sautaient dans les flaques d'eau, éclaboussant leurs vêtements.

En ce printemps naissant, la terre ensemencée sommeillait toujours et les paysans n'avaient pas encore repris les travaux des champs. Aussi, libres de leur travail agraire, ils étaient venus nombreux des bourgades et des campagnes avoisinantes pour écouter les prédicateurs.

Dans cette cité, d'ordinaire silencieuse à cette heure matinale, la foule accourait bruyante et agitée. Malgré le froid, tous avaient hâte d'arriver à temps pour trouver une place à l'église et pour être le plus près possible afin de mieux entendre les paroles de ces fils de Saint François d'Assise.

À Canicattì, les maisons s'étaient vidées de leurs occupants et les rues étaient désertes. Tous attendaient, parfois depuis plusieurs heures, que les portes de la Maison du Seigneur s'ouvrent.

Gaetano avait été le premier à entrer dans l'église de Saint Diego pour écouter les prédications. Il était là, auditeur attentif parmi la foule. Grâce à l'instruction que lui avait donnée sa famille, il comprenait chaque parole et allait même demander l'habit Capucin à ces mêmes pères.

Depuis quelque temps, le jeune et élégant baron Gaetano ne se sentait pas bien dans la maison familiale. Il recherchait la solitude, la paix et le réconfort pour son esprit.

Petit à petit, il avait perdu le sourire, le sommeil, la joie de vivre, l'appétit et son visage était envahi par la pâleur.

Alors qu'il aurait dû être attiré comme tous les jeunes gens de son âge par les plaisirs et les splendeurs que pouvait lui offrir sa vie de noble héritier, ces choses terrestres le laissaient insensible et même parfois l'importunaient. Il aurait voulu s'éloigner du monde et se dédier à une vie de prières et de sacrifices, mais ses pensées secrètes ne pouvaient encore être révélées.

Mais aujourd'hui, Gaetano pouvait écouter avec passion et vénération le discours du missionnaire dont le thème était : LA MORT.

– La mort, fin de tout ce qui doit finir et commencement de ce qui ne peut mourir.

– La mort qui doit être ultime et suprême acte terrestre d'amour envers Dieu qui est : VIE.

– Dieu seul est éternel.

– Dieu triomphe de la mort et nous invite à la même victoire en nous donnant une arme qui s'appelle : AMOUR.

Aimer Dieu, aimer son prochain comme nous-mêmes.

Ainsi avait parlé Padre Michele de Saint Cataldo, Préfet de la mission, dans un langage simple mais enflammé, tout en regardant un Crucifix et en faisant référence à Jésus agonisant d'amour pour ses propres meurtriers.

– Les pieds blessés de Jésus...

– Ce sang divin sauveur du monde...

La contemplation de Gaetano s'était colorée de reconnaissance et de tendresse. Pour la première fois il aimait avec la richesse de ses purs sentiments et de sa jeunesse.

Padre Michele avait encore parlé avec grande éloquence des noviciats, de l'éternité de l'âme, du paradis, du purgatoire et de l'enfer.

Gaetano était ressorti de l'église préoccupé, mais surtout transformé. L'impression profonde ressentie ce jour-là ne devait plus faiblir et elle allait même se préciser, s'intensifier et s'éclairer. Gaetano allait se retirer pendant trois jours dans la chapelle familiale, dans un jeûne absolu, en s'adressant au Seigneur :

Seigneur, que voulez-vous que je fasse ?

Après cette méditation, il était venu saluer sa mère. Mais Donna Eleonora était inquiète car elle avait perçu une expression nouvelle sur le cher visage, sans pouvoir vraiment comprendre ce qui se passait.

Son fils, avec émotion, voulant à la fois parler et se taire allait lui annoncer simplement :

VOGLIO FARMI CAPPUCCINO *Je veux me faire Capucin.*
Gaetano avait 20 ans.

Sa mère, atterrée, allait rester sans voix tant cette décision était surprenante et bouleversante.

Comment était-ce possible ? Son Gaetano, encore tout récemment, paraissait l'insouciance même. Ce fils, ce cœur généreux, serait donc humainement parlant, perdu pour elle ? Cependant, Donna Eleonora pensait aussi à lui.

Habitué à l'aisance et aux commodités de la richesse, allait-il pouvoir s'accoutumer aux rigueurs d'une vie monastique ou, pire encore, de missionnaire ?

Son amour maternel la poussera à lui proposer une autre vie : le sacerdoce séculier. Il pourrait ainsi rester près d'eux.

Mais Gaetano résistait énergiquement, insatisfait et lassé de sa vie facile et luxueuse. Il était déjà fermement déterminé et décidé à se tourner vers le ciel et l'éternité. Pour lui, il n'y avait plus de doute, plus d'hésitation.

Mère, parents et amis tentaient bien de le dissuader, mais sans succès. Certains lui avaient même conseillé de se marier. Avec sa gentillesse, son titre de noblesse, sa vivacité et ses qualités, le jeune baron aurait pu sans peine conquérir une jeune fille de bonne condition sociale.

Aussi, tous étaient persuadés que son enthousiasme pour devenir "Capucin" n'était que passager et qu'il reviendrait bientôt à des pensées plus raisonnables.

Alors, avec un sourire ironique, la conclusion était presque unanime :

Gli passerà !... Ça lui passera !...

À l'époque, pour Gaetano, la difficulté provenait dans le fait d'obtenir le consentement mutuel de toute cette noble famille sicilienne. Il fallait vaincre ceux dont le seul défaut était d'être "myopes", puisqu'ils ne voyaient pas sa vocation.

Mais, dans la vicissitude de cette période, allait intervenir Don Gioacchino La Lomia, frère du défunt Nicolò. Cet oncle paternel occupait une position officielle importante. Il avait été Ministre de grâce et de justice du Roi Ferdinand II à Palerme et, de ce fait, avait toutes les compétences pour plaider la cause de son neveu et pour être "l'avocat" de la vocation religieuse de Gaetano.

Ses paroles savaient convaincre. Les graves difficultés étaient momentanément aplanies.

Bientôt, une lettre du père Luigi de Termini Imerese allait l'autoriser à se rendre au couvent de Caccamo pour soutenir les examens d'admission.

Gaetano allait donc faire le trajet de cent cinquante kilomètres "à pied", (sempre a piedi), toujours à pied comme les Apôtres. Après avoir rejoint Caccamo, il pouvait enfin passer ses examens avant de revenir près de sa famille à Canicattì.

Gaetano venait d'être reconnu "apte" à être Capucin.

2. Noviciat à Girgenti

La famille La Lomia, toujours peu consentante, allait user de toute son autorité et de son influence pour faire obstacle à ce départ. C'est pourquoi le Provincial des Capucins avait hésité, laissant passer plusieurs mois.

Pendant ce temps, le jeune Gaetano vivait dans une attente continue, espérant toujours. Finalement c'est son oncle qui était intervenu auprès du Provincial et avait assuré celui-ci du sérieux des propos de son neveu.

Désormais, les portes allaient s'ouvrir.

Une lettre de ce Supérieur autorisait enfin le jeune aristocrate à rejoindre le couvent de Girgenti, siège du noviciat, lui procurant une joie indescriptible.

Finalement, aux prières et aux larmes du fils, il n'y avait plus d'opposition, même si cette résolution était en totale contradiction avec les légitimes ambitions de la famille.

Bien au contraire, sa mère se réjouissait désormais de cette grâce spéciale d'avoir un fils, appelé de Dieu, dans un Ordre religieux ayant donné un grand nombre de saints (Saint François d'Assise, Saint Antoine de Padoue...).

Le 4 novembre 1852, à seize heures, dans l'église des Capucins de Girgenti (Agrigente), Gaetano La Lomia revêtait l'habit du novice Capucin des mains du Maître des novices, Padre Evangelista de Canicattì, avec le nouveau nom de frère Gioacchino Fedele.

– Gioacchino en l'honneur de son oncle qui l'avait soutenu dans sa volonté de devenir moine Capucin.

– Fedele pour sa fidélité à la Sainte Vierge et au Christ crucifié.

Dans le silence de sa modeste et austère cellule, le jeune novice se sentait angoissé et abandonné, bien qu'heureux d'embrasser cette terre l'unissant à Dieu. La grâce triomphait, les obstacles étaient vaincus, le rêve qu'il avait tant caressé se réalisait en ce jour. Il était enfin devenu un religieux devant s'employer à la conversion des pécheurs et à œuvrer afin d'être digne des petits pauvres de Saint François d'Assise.

Le Seigneur avait dit à Moïse :

Regardez et réglez-vous selon l'exemple qui vous est proposé.

Frère Gioacchino allait donc fuir le démon, rechercher le bien, observer la règle franciscaine dans le recueillement et le silence.

Pénitence et renoncement pour l'Amour de Dieu seraient désormais les lignes de conduite de sa vie de novice à Girgenti.

Faire c'est bien, prier c'est mieux, souffrir c'est tout.

Sans doute pour éprouver sa vocation, le père Samuele, prêtre plein d'expérience qui avait succédé au père Evangelista, le réprouvait devant les autres religieux ou lui témoignait une indifférence voulue.

Puis, un jour, il avait appelé le jeune novice et, avec rudesse, lui avait tout simplement conseillé de changer de route.

Le jeune frère Gioacchino était bouleversé. Comment pouvait-on penser que sa vocation était feinte et pas sincère ?...

Il était à la fois mortifié et envahi d'une grande tristesse. Le petit frère du peuple pensait au chagrin de sa mère lorsqu'il était parti, au confort de sa chère maison natale, en opposition avec la pauvreté de sa triste cellule actuelle.

Toute cette chaleur familiale, il n'avait pourtant pas hésité à la quitter !...

Alors, pourquoi osait-on douter de sa piété ?...

Mais la douleur et les larmes rendent plus féconde la prière et Dieu allait l'exaucer. En attendant l'heure de vérité, frère Gioacchino s'humiliait, faisant pénitence en suscitant l'admiration de son Maître de noviciat, le père Samuele.

Celui-ci devait bientôt reconnaître que le jeune novice était vraiment un élu de Dieu.

Il pouvait donc prononcer sans hésitation ces paroles chaleureuses :

Fra Gioacchino è veramente la mia gioia e la mia corona.

Frère Gioacchino est vraiment ma joie et ma couronne.

CHAPITRE III
FORMATION RELIGIEUSE

1. Prêtre et prédicateur – 2. En Corse

1. Prêtre et prédicateur

L'année du noviciat terminée, frère Gioacchino Fedele prononçait en pleine liberté, le 5 novembre 1853, ses vœux solennels (obéissance, pauvreté, chasteté), auprès de son maître, le père Samuele.

Le 12 novembre 1853, l'église du Couvent de Girgenti était en fête.

À genoux au pied de l'autel, un jeune homme regardait avec admiration le prêtre revêtu des vêtements sacrés. Celui-ci lui avait dit :

– Vous voulez abandonner le monde, l'aisance et les richesses de la vie ? Vous jeune homme à qui sourit la plus heureuse espérance d'avenir, vous voulez la consumer dans les rigueurs d'un cloître ?

– *Oui*, avait répondu le jeune profondément ému.

– Oui, mais avez-vous bien compris la gravité et la solennité de ce moment ? Votre oui comporte le renoncement à tout, mais aussi la lutte au monde, à la chair, au démon... Vous allez abandonner vos élégants vêtements pour revêtir le rude habit franciscain. Votre lit sera la terre nue et votre nourriture celle des pauvres. Pensez-y bien, ô mon cher fils, si vous deviez vous en repentir un jour...

– *Oui, mon père !*

– Oui, mais dans votre chemin vous n'allez rencontrer que chagrins et douleurs. Vous, si délicat, habitué à être servi, héritier d'un grand nom, vous le représentant d'une illustre famille, aurez-vous la force de résister à la lutte terrible du corps et de l'esprit ?

– *Oui, mon père.* Et il pleurait.

Alors, le prêtre l'avait revêtu de l'habit Saint en lui enserrant les flancs de la mystique cordelière, pendant que l'orgue annonçait le grand renoncement, le grand sacrifice.

Détaché de la terre, des larmes dans les yeux, le bonheur l'inondait. Il ne voyait ni sa mère, ni sa famille, ni ses amis, mais seulement la Croix que son maître le père Samuele lui offrait et qu'il embrassa avec conviction, dans un tendre sourire.

Don Gaetanino, fils du baron Don Nicolò La Lomia, était devenu frère Gioacchino de Canicattì, humble petit frère des pauvres.

Entrant dans sa cellule, le premier soir après sa prise d'habit, Padre Gioacchino avait écrit :

Finalement, je suis religieux et je dois donc penser, parler, œuvrer en religieux, penser toujours à pleurer mes péchés...

Je dois être le miroir de chaque vertu avec les paroles et avec les œuvres, être pour tous de bon exemple...

Quelques jours plus tard, le 19 novembre 1853, frère Gioacchino de Canicattì allait donner de ses nouvelles à sa marraine de Baptême Donna Carolina.

Dans sa lettre il écrivait :

... Je vis heureux dans la pauvreté, dans l'indigence, dans les mortifications. Je suis sûr que ceci, sûrement, me conduit sur le sentier du salut...

Très rapidement, frère Gioacchino fut envoyé à Naro, sous la discipline du père Innocenzo de Canicattì, pour compléter sa formation culturelle et religieuse. Il devait y rester environ un an avant d'aller à Castronovo pour des études philosophiques.

Il entreprit ce voyage, de Naro à Castronovo, à pied avec le frère Antonio de Girgenti, étudiant Capucin. Le temps était orageux, il pleuvait et le vent était glacial. À Canicattì, ils s'arrêtèrent à la maison maternelle auprès de la charitable Donna Eleonora.

Séchés, restaurés, hébergés, ils purent se reposer pour la nuit. Frère Gioacchino n'avait pas oublié d'amener avec lui, dans sa besace, des instruments de pénitence, des cordelettes avec des clous, des chaînes et des cilices.

Le lendemain, ils continuèrent leur voyage jusqu'à Castronovo. Il ne pleuvait plus, mais le froid était toujours aussi intense. Frère Antonio avait les pieds blessés, pleins d'ampoules et en sang. La souffrance lui arrachait des larmes. Aussi pour le soulager, frère Gioacchino se mit à le porter sur son dos.

Ces deux jeunes gens en "saio" (l'habit de Capucin), sautillants sur les pavés ou les routes embourbées de la campagne, offraient aux paysans qu'ils rencontraient une vision à la fois puérile, surprenante et insolite.

En 1854, à Palerme capitale de la Sicile, il allait encore étudier la théologie afin de se préparer au sacerdoce. Le 2 mars 1855, dans la Basilique de la Magione de Palerme, frère Gioacchino recevait la tonsure et les quatre ordres mineurs. Le 3 mars, il eut le sous-diaconat par Monseigneur l'Évêque Giulio Benso, puis le diaconat le 24 mars 1855.

Le 2 juin 1855, dans la même église, il reçut "l'Ordine del Sacro Presbiterato".

Padre Gioacchino venait d'être ordonné prêtre. Il avait vingt-quatre ans.

Ces célébrations furent particulièrement émouvantes. Joie et larmes étaient mêlées et, dans le secret de son cœur, Padre Gioacchino pensait sans doute que Dieu, avec sa bonté et sa miséricorde, l'avait tout de même accepté pour le servir.

Après avoir reçu félicitations et témoignages de sympathie de ses parents, amis et confrères, il s'était retiré dans sa cellule où il avait écrit :

Je suis prêtre ! Donc, je dois aimer Dieu autant que doit l'aimer un prêtre... Je dois chercher en tout la gloire de Dieu et le bien spirituel du prochain. Je dois prêcher sinon en chaire, du moins pour le bon exemple.

Par ces quelques lignes, le jeune prêtre venait de rédiger les principales règles de conduite de sa nouvelle vie.

Sa vocation religieuse s'annonçait déjà sublime. Padre Giuseppe Maria Raimondo, de Montevago des Frères mineurs, qui fut l'un des biographes de Padre Gioacchino a écrit en son temps :

Mais comment a-t-il pu accomplir ses études préparatoires au sacerdoce en un an et huit mois ?

À Palerme, devant le Crucifix, dans le chœur du couvent des Capucins, Padre Gioacchino se prosternait plus d'une fois par jour en disant :

Mon Jésus, mon bien-aimé Père, si je suis pauvre, vous êtes riche ; si je suis pécheur, vous êtes juste ; si je suis bon à rien, vous êtes omnipotent; si je suis immonde, vous êtes très pur ; si je montre de l'iniquité, vous cumulez toutes perfections ; si je suis digne de la damnation, votre miséricorde me sauvera ; seul me réconforte le titre unique que j'ai : d'être votre fils.

Pendant six ans, à Caltanissetta, de 1855 jusqu'à fin 1861, il allait encore compléter ses études théologiques avec le guide du père Francesco de Sutera et du père Daniele de Caltanissetta qui appréciait particulièrement son engagement à apprendre.

Le 28 avril 1861, avec Padre Nicola de San Giovanni Ministre général de l'Ordre des Capucins, il accédait aux fonctions de "prédicateur".

Puis, le 9 mai 1862, il allait recevoir du père provincial Antonio de Partinico, l'ordre de se rendre au couvent de Sutera (où il devait rester deux ans), avec les fonctions de vicaire.

Ayant encore poursuivi des études, le 22 janvier 1862, Monseigneur Giovanni Guttadauro Évêque de Caltanissetta lui accordait la permission d'exercer le ministère de la Confession. Padre Gioacchino devait accomplir aussi son activité sacerdotale dans les pays limitrophes, parmi lesquels Montedoro où il connut le futur Cardinal Guarino, Archevêque de Messine.

Dans ces petits villages de la province d'Agrigente, ce fut pour le jeune prêtre le temps de la réflexion, des premières expériences de prédications apostoliques et de l'approfondissement de l'appel du Seigneur.

Et, pour mieux comprendre justement quelles pouvaient être alors les aspirations religieuses de Padre Gioacchino, après sa période de noviciat, il faut lire sa lettre pour son cher maître le père Samuele de Girgenti.

À la pensée des jours heureux du Saint Noviciat, j'en suis confondu et j'en pleure encore, car la Sainte Vierge sait combien s'est passée heureuse cette année bénie.

Combien me paraissaient légers ces travaux, combien suaves ces pénitences, combien douces toutes les choses même minimes faites avec le mérite de l'obéissance, combien chers ces saints enseignements que vous m'avez communiqués, combien belles les mortifications, les oraisons, les veillées nocturnes, les jeûnes, les abstinences, les confessions, les communions, la retraite, le silence...

Ah ! mon cher père ! mon cœur ne suffit pas à expliquer les délices et les contentements que l'on éprouve dans les singulières souffrances.

Pour ma part, je définis l'année du noviciat comme le temps le plus heureux de la vie de Capucin...

Pendant toutes ces années de recueillement, Padre Gioacchino par humilité avait tenu sous silence le trésor que lui avait donné Dieu : cette richesse d'amour et d'éloquence.

Mais, maintenant, il voulait exprimer par des actes cette ardeur envers le Seigneur, afin de mieux le servir encore.

L'aspiration missionnaire du jeune père Capucin était de plus en plus nette et pressante, mais il se trouvait toujours indigne et se considérait comme le plus grand des pécheurs. Pourtant, l'humble père voulait tellement essayer de vaincre ce sentiment d'incapacité et d'infériorité en sauvant des âmes infidèles.

C'est ce désir ardent qui devait pousser Padre Gioacchino à formuler sa requête officielle auprès de ses Supérieurs. Après de vaines tentatives et des refus, son vœu était enfin exaucé.

De Rome, le 9 juin 1864, le père Fabiano de Scandiano, Procureur général des missions de l'Ordre des Capucins, venait de lui faire parvenir une lettre d'obéissance “Ubbidienza” par laquelle il lui demandait de rejoindre au plus tôt leur collège de Rome. Il pourrait ainsi mieux connaître sa vocation pour Dieu et se préparer à l'accomplissement des devoirs du Ministère Apostolique.

Padre Gioacchino de Canicattì, prédicateur de la province de Palerme, après un adieu aux siens, quittait la Sicile pour Rome.

Vers la fin du mois de juin 1864, il allait arriver au collège de San Fedele, dans la cité éternelle et se préparer à affronter la tâche ardue que lui avait inspirée Dieu.

Il avait, “semble-t-il”, échoué par trois fois à ses examens pour l'habilitation à l'apostolat missionnaire. Aussi, Padre Gioacchino, dans une dernière tentative allait se prosterner en pleurs devant le Cardinal préfet de la propagation de la foi.

Il le conjurait d'accepter de l'envoyer en mission, même seulement en qualité de simple frère laïque.

Le Cardinal, touché par la détresse et par la sincérité des propos de cet humble père qui n'hésitait pas à s'humilier, allait lire dans son âme et comprendre qu'il avait devant lui un futur apôtre.

Padre Gioacchino restera moins d'un an à Rome dans ce collège qui avait été fondé en 1840 par le père Eugenio de Romelj, général des Capucins sous la suggestion du Saint-Père Grégoire XVI.

2. En Corse

À nouveau, Padre Gioacchino fut mis à l'épreuve.

Ses Supérieurs, par lettre du 6 mars 1865, lui donnèrent l'ordre imprévu de partir pour une nouvelle destination : la Corse.

Cette annonce fut comme une tempête sur une mer de sérénité pour le serviteur de Dieu. Pourtant, docilement, il allait se plier et obéir à cette demande afin de se perfectionner encore dans des études particulières.

Son ministère sacerdotal s'exercera pendant presque trois ans en Corse.

Dans cette île à la beauté solitaire, aux côtes escarpées et pittoresques, les conditions de vie étaient plutôt modestes et les paysages arides devaient lui rappeler sa Sicile natale. À Morosaglia et aussi dans l'île, Padre Gioacchino pouvait sans doute mieux satisfaire ses aspirations profondes, car beaucoup de couvents étaient situés dans des lieux solitaires, adaptés à la méditation et à la prière.

Les montagnes boisées et caillouteuses étaient le domaine pastoral des bergers et de leurs troupeaux de moutons et de chèvres. La vie insulaire avait conservé toutes ses singularités : habillement, traditions et coutumes ancestrales.

Le patriarcat régnait d'ailleurs sur les familles et le culte des défunts se célébrait lors de longues cérémonies mêlées de pleurs et de chants, suivies de repas. Lorsque l'honneur était menacé, des luttes opposaient des familles rivales et les entraînaient dans des "vendetta" meurtrières.

L'âme douce de Padre Gioacchino pouvait donc ici se préparer à un apostolat pacifique grâce à ses sermons et à son assistance spirituelle.

Quant à l'Ordre des Capucins, il donnait la preuve flagrante qu'il se préoccupait avec conscience d'instruire les futurs missionnaires.

Afin d'affronter dans les meilleures conditions la nouvelle vie qui s'annonçait à lui, Padre Gioacchino allait étudier aussi la langue portugaise.

CHAPITRE IV

Missionnaire au Brésil

1. Le grand départ pour Rio de Janeiro
2. La guerre en Amérique du Sud
3. Aumônier de l'armée impériale. 4. Sur les champs de bataille

1. Le grand départ pour Rio de Janeiro

L'ordre "d'ubbidienza" pour le grand départ fut enfin délivré le 13 janvier 1868. Et, le 9 février 1868, Padre Gioacchino s'embarquait pour la traversée de l'Atlantique, vers le Brésil. Trois autres pères l'accompagnaient : père Santi de Brisighella, père Gregorio de Prato, père Stefano de Venise.

Leur bateau, un paquebot de faible tonnage avec voiles et moteurs à vapeur, appartenait sans doute à une compagnie anglaise. Son aménagement intérieur était modeste et l'ambiance misérable, surtout en dernière classe où nombreux étaient les émigrants vêtus de haillons.

Après un mois de navigation, le 10 mars 1868, c'était enfin leur arrivée sur cette nouvelle terre d 'Amérique.

Le navire venait de jeter l'ancre dans l'extraordinaire golfe de Rio de Janeiro.

Padre Gioacchino se préparait à l'énorme tâche qui l'attendait, tout en remerciant Dieu de les avoir conduits sur la terre de Sainte Croix, comme était alors appelé le Brésil.

Ce vaste empire, sous une branche de la dynastie de Bragance (ligne de Bourgogne – Portugal) était un pays en plein essor, avec des villes très importantes comme Bahia, Pernambouc, Maranhao, Sáo Paulo...

Aussi, devant cette plus belle baie du monde, Padre Gioacchino du regard se transportait déjà dans les forêts vierges où vivaient les Indiens sauvages qu'ils étaient venus évangéliser. Ce devoir serait particulièrement ardu et il fallait donc se préparer intérieurement. Mais, pour Padre Gioacchino Fedele de Canicattì (à l'autre bout du monde), c'était sans nul doute la partie la plus aisée.

Prévoyant des horizons inhospitaliers et des contrées difficiles, le jeune missionnaire allait redoubler de confiance en Dieu et s'abandonner aux bons soins de la Providence.

À cette époque, parmi les millions d'habitants du Brésil, plus d'un million et demi étaient des esclaves travaillant pour de riches propriétaires terriens.

Ce grave problème d'esclavage préoccupait la société brésilienne, mais elle craignait aussi pour les conséquences économiques du pays.

Des esclaves affranchis auraient signifié l'abandon du travail dans les plantations de coton ou de canne à sucre, la ruine de leurs "maîtres" et la carence de l'activité agricole pour la nation ; grave problème lorsqu'on sait que le Brésil est le premier producteur mondial de café.

Pourtant, l'Empereur allait montrer des sentiments très louables et humanitaires à l'égard des pauvres opprimés.

En 1831, l'Empereur Pierre Ier avait renoncé à la couronne brésilienne en faveur de son très jeune fils né en 1825.

À l'origine de toutes ces vicissitudes politiques se trouvait la maçonnerie qui aspirait à évincer les Ordres religieux et qui avait fait expulser la plupart des missionnaires étrangers.

Pourtant, après être monté sur le trône le 6 avril 1831, le nouvel Empereur Pierre II allait demander en 1840, au pape Grégoire XVI, d'envoyer des missionnaires Capucins italiens au Brésil.

C'est le Révérend père Fabiano de Scandiano qui devait avoir la lourde charge du Commissariat général pour les missions de Capucins au Brésil, créé en 1846, avec son siège à Rio de Janeiro.

Ainsi, grâce à l'action commune et en particulier de l'Église catholique et universelle des États-Unis et de l'Empereur, une première loi d'abolition apparaissait en 1871.

Elle décrétait :

Aucun homme naît esclave

et prévoyait que les esclaves existants seraient progressivement affranchis.

En 1888, une autre loi devait être promulguée sous la régence de la Princesse Isabelle de Bragance et qui décidait l'abolition totale de l'esclavage.

Cependant, beaucoup de "propriétaires" d'esclaves allaient devenir hostiles à l'Empire et le libéralisme de l'Empereur Pierre II devait l'acculer à l'abdication en 1889.

L'étude du langage brésilien avait été déjà une victoire pour Padre Gioacchino, mais il allait être confronté aux centaines de dialectes indiens. Cette barrière lui paraissait bien infranchissable mais pourtant d'autres problèmes, plus graves encore, agitaient l'Amérique du Sud.

2. La guerre en Amérique du Sud

Depuis plusieurs années et surtout depuis 1865, la guerre faisait rage entre le Paraguay d'une part et la coalition entre le Brésil, l'Argentine et l'Uruguay d'autre part. C'était une guerre pénible, menée par le dictateur Francesco Solano Lopez II, qui infligeait de lourdes pertes humaines et dévastait les biens.

Pauvres missionnaires ! Eux qui avaient rêvé d'un apostolat auprès des sauvages Indiens, ils se retrouvaient confrontés au théâtre de la guerre.

Quant à l'Empereur, voulant montrer sa gratitude pour l'armée brésilienne, qui avait tant combattu et tant souffert, il allait nommer "généralissime" son propre gendre. Le jeune Comte d'Eu, Prince de la Maison d'Orléans, Maréchal de l'empire brésilien était le mari de la Princesse impériale Donna Isabelle la fille et l'héritière de Don Pierre II.

3. Aumônier de l'Armée Impériale

Peu de temps après leur arrivée, le 20 juin 1868, Padre Gioacchino allait recevoir une lettre du Préfet des missions de Capucins au Brésil, Padre Gaetano de Messine. Celui-ci le destinait à pourvoir aux besoins spirituels de l'escadron brésilien qui opérait au Paraguay et le nommait (avec cinq autres frères) Aumônier de l'armée brésilienne.

Le 25 septembre 1868, c'était le quartier général de la Marine qui lui écrivait.

L'amiral Eligio Antonio Santos, à son tour, lui donnait la qualité d'aumônier de l'Armée Nationale et Impériale et lui assignait "cent quarante deux mille reis" mensuels.

Padre Gioacchino devait écouter ces deux autorités, même s'il éprouvait un sentiment de crainte et de grand trouble. Il n'était plus question d'aller évangéliser les Indiens des forêts vierges, de les baptiser ou de les instruire.

Il devait se conformer à la volonté de Dieu et accomplir une œuvre inconnue et complètement différente.

Lui, messager sans arme et homme de paix, allait se retrouver au milieu de tant de combattants...

Dio mio, sia fatta la tua volontà. Mon Dieu, que ta volonté soit faite.

Ce pauvre fils de Saint François d'Assise ne pourrait pas commander de déposer les armes, mais il lui serait au moins possible de suggérer à cette foule d'âmes d'aimer son adversaire en attendant l'heure de la trêve.

Dans son recueillement, sous les étoiles du ciel tropical, Padre Gioacchino se préparait plus que jamais à affronter les champs de bataille et la grêle des balles semant la mort.

4. Sur les champs de bataille

Son départ sur un navire de guerre, le 25 septembre 1868, en compagnie d'un autre missionnaire le père Gregorio de Prato, fut très solennel en raison de la présence de l'Empereur du Brésil Pierre II. Celui-ci avait beaucoup d'estime pour Padre Gioacchino et parfois il l'invitait à manger. Lors d'un voyage en Europe, il s'était même rendu à Canicattì où il avait rencontré Donna Eleonora et prononcé des paroles élogieuses sur son fils.

Les opérations militaires se déroulaient le long du fleuve Paranà et Paraguay.

Déjà, d'autres pères se trouvaient sur les lieux des combats, dont le Padre Fedele d'Avola. Son nom aussi est resté dans l'histoire pour toute l'assistance qu'il a prodiguée aux combattants.

Lors de leur arrivée, ces pères avaient trouvé vingt-deux mille soldats brésiliens contaminés par la variole. Padre Gioacchino, jour après jour, et en de nombreuses circonstances allait donner la preuve de son courage, faisant grandir l'estime et la vénération que soldats et officiers nourrissaient pour lui.

Où il y avait une douleur à adoucir, une plaie à cicatriser, un moribond à réconcilier avec Dieu, apparaissait comme un rayon de lumière Padre Gioacchino, médecin du corps et de l'âme.

Il était là, toujours là, sur le champ de bataille, les balles dansant autour de lui, perçant son habit, le blessant encore. Mais les soldats mortellement atteints ne pouvaient mourir sans la Bénédiction du Seigneur.

Padre Gioacchino, le Crucifix des missionnaires dans les mains, penché sur les blessés, agenouillé auprès des mourants, invoquait pour eux pardon et repos éternel.

Alors que la bataille faisait rage, Padre Gioacchino avait vu qu'un général s'avançait au mépris du danger. L'Aumônier, pressentant le pire lui avait crié : *Revenez, vous allez au-devant de la mort !* Au lieu de l'écouter, l'officier avait éperonné sa monture. Mais, une balle ennemie allait l'atteindre et le blesser mortellement. Padre Gioacchino s'était précipité pour lui porter secours. Le prenant dans ses bras, il eut juste le temps de recueillir son dernier soupir.

Mais parfois, ses paroles simples et ardentes pouvaient convaincre et sauver une vie. Un officier qui avait été condamné à être fusillé, put échapper à la sentence capitale grâce justement à l'intervention de Padre Gioacchino.

Les mérites du serviteur de Dieu furent récompensés par une croix de guerre en argent avec diplôme, concédée par le commandement suprême brésilien.

La guerre se terminait avec la victoire des troupes brésiliennes. Elle avait duré plus de cinq ans et avait coûté au Brésil cinquante mille hommes et un milliard et demi de francs or.

Le 21 février 1870, Padre Gioacchino recevait l'ordre de se rendre à Asunción, grande et riche cité, capitale du Paraguay. Il allait assumer dans cette ville la charge de membre de la Commission des affaires ecclésiastiques de ce pays.

Du courrier sera échangé avec son beau-frère Don Pietro Testasecca et sa sœur Teresa car durant son activité d'aumônier Padre Gioacchino avait été informé de la mort en 1869 de l'unique frère qui lui restait : son bien-aimé frère Giuseppe (mio amoroso fratello).

Dans une lettre, il recommandait à son beau-frère de veiller encore et encore sur sa famille et de défendre "ses trois clous", ses neveux orphelins. Il lui parlait aussi des difficiles conditions de vie en raison du coût des denrées et en particulier du pain, que les pauvres ne pouvaient s'offrir. Ici, il n'y avait pas de blé comme en Italie et tout provenait d'Europe. Mais au Paraguay se trouvaient beaucoup de mines d'or pur, de pierres précieuses et de diamants.

Il précisait aussi que bientôt il allait retourner à Rio de Janeiro pour occuper le poste d'un vieux missionnaire mort "plein d'années et de mérite". Il lui disait également qu'il se trouvait heureux de son état de prédicateur et que, s'il pouvait renaître après sa mort, il se ferait à nouveau Capucin.

Par une autre lettre, il priait sa sœur de ne pas abandonner leur mère affligée "l'afflitta mamà" et la priait aussi de bien s'en occuper afin que rien ne lui manque.

Et enfin, Padre Gioacchino leur demandait à tous deux de faire tout ce que lui ne pouvait faire en raison de son grand éloignement.

Fai quello che io non posso fare.

La voix du sang aurait voulu qu'il parte dans sa patrie la Sicile pour consoler sa vieille mère qui voyait "disparaître" ses enfants les uns après les autres et revoir sa chère famille.

Mais la voix de Dieu l'appelait plus fort encore pour qu'il reste au Brésil et continue sa céleste mission.

Cette grâce de servir Dieu allait se poursuivre, ses Supérieurs ayant décidé de l'envoyer dans les forêts le long du fleuve Paranà et du Rio de la Puaia.

Padre Gioacchino, après la vaste reprise en 1871 du Ministère Missionnaire, se trouvait désormais sur un nouveau champ d'action dans la province de Minas Gerais, région la plus peuplée de tout le Brésil et particulièrement célèbre aussi pour ses mines de diamants du district de Tijuco. L'humble père condamnait ouvertement dans ses prédications toutes les injustices et les disparités entre Nord et Sud, s'élevant aussi contre l'esclavage et la pauvreté.

Dans une poésie, Padre Gioacchino s'exprimait :

Il Brasile copre il mondo d'oro, d'argento e di pietre preziose ; ma ha gente poverissima, senza fortuna, e ogni sforzo di promozione è impossibile...

Le Brésil couvre le monde d'or, d'argent et de pierres précieuses ; mais il y a des gens très pauvres, sans fortune et tout effort de promotion est impossible...

En effet, Padre Gioacchino avait déjà remarqué la misère du peuple bien que les femmes qui marchaient pieds nus avaient des colliers d'or, de pierres précieuses et sur la tête des guirlandes de brillants.

En juin 1871, dans une nouvelle lettre à son beau-frère Pietro, Padre Gioacchino lui faisait part de ses inquiétudes :

Depuis presque deux ans, je n'ai reçu aucune lettre de vous. Faites-moi la faveur de me donner des nouvelles de ma mère. Je lui ai écrit plus d'une fois, mais je n'ai pas reçu de réponse... Depuis également presque deux ans, je me trouve dans la capitale de l'Empire brésilien où j'exerce mon Saint ministère. Mais, pour l'instant, je ne peux satisfaire mon désir qui est d'aller parmi les Indiens pour leur porter la foi et prêcher l'Évangile de Jésus-Christ...

Cher beau-frère, préparez-vous en Italie à un grand châtiment. L'Église souffrira, mais l'Italie pleurera longtemps l'injustice et le vandalisme pratiqués envers la Sainte Église.

L'Italie est l'opprobre du monde, l'Italie (notre belle Italie) qui était la fleur de l'Europe par sa sainteté, par sa doctrine, ses sciences et ses arts est réputée la noirceur du monde. L'Italie est reconnue comme la nation sans honneur pour les vols commis à l'Église, la dépossédant des biens ecclésiastiques, chassant les pauvres religieux et le pauvre monarque.

Dans toute l'Amérique, il y a environ un million d'Italiens qui se sont enfuis de toutes les parties de l'Italie. Dans la République de Buenos-Aires il y a eu la peste et la moitié des habitants sont morts, dont plus de soixante mille Italiens.

Mon cher beau-frère, je vous prie de ne pas vous offenser si je vous dis des choses que je ne puis taire ; je vous ai dit la centième part de ce que j'ai touché avec mes mains, vu avec mes yeux, j'ai parlé mal de ceux qui font paraître l'Italie, pour ce qu'elle n'est pas.

Le Roi Victor-Emmanuel est bon mais ne règne pas. Croyez-moi, s'il régnait et haussait la voix, l'Italie serait différente...

Bien que Padre Gioacchino se trouvait au Brésil, des informations lui étaient parvenues sur tous les "cataclysmes" politiques et religieux de son pays natal, le blessant profondément.

Pourtant, de savoir l'Ordre religieux en péril de mort et l'Église bafouée, Padre Gioacchino était d'autant plus conforté dans sa détermination de poursuivre sa pieuse mission.

CHAPITRE V

Dans les forêts vierges

**1. L'apostolat des missionnaires
2. Évangélisation des Indiens sauvages
3. Éducation et fondation de villages – 4. Souffrance**

Tous les religieux, pour cela, (...) diffusent dans tout le monde la bonne nouvelle du Christ, de façon que leur témoignage soit manifesté à tous et soit glorifié notre Père qui est dans le ciel.

Concile Vatican II, vie religieuse, 25.

1. L'apostolat des missionnaires

Les propos de Padre Gioacchino dans sa lettre pouvaient donc déjà parfaitement s'appliquer aux futurs écrits du Concile.

Malgré tous ces bouleversements, le missionnaire allait rester infatigable dans son œuvre évangélique, dans un pays où ses confrères avaient déjà implanté profondément les racines de la foi chrétienne, malgré les persécutions de la maçonnerie.

Par bonheur, ces racines allaient donner naissance à un arbre qui allait grandir dans le cœur des hommes.

Ainsi, aidée financièrement par le gouvernement brésilien, la Mission des Capucins allait s'étendre jusque dans les lointaines et sauvages régions de l'Amazonie, du Matto Grosso, des forêts vierges du Maranhão, du Paranà, du Rio Grande...

Quant à Padre Gioacchino, son insistance auprès de ses Supérieurs allait être bénéfique.

Son souhait d'évangéliser les sauvages était finalement exaucé par son transfert, en 1872, de Rio de Janeiro à Rio della Puaja.

Dans ces forêts marécageuses, pratiquement impénétrables, la nature dominait l'homme. Pourtant, les indigènes avaient trouvé un asile sous les arcades de cette végétation tropicale. Cette nature, mère nourricière, leur apportait des fruits, du gibier, des insectes, des vers dont ils se régalaient, des œufs de tortue, du miel sauvage... Pour ces tribus indigènes, arc et flèches étaient les seuls biens qu'ils possédaient et leur langage se limitait à quelques mots de leurs dialectes.

Toute infraction ou offense grave aux lois de la tribu était inexorablement sanctionnée par une cruauté sanguinaire ou une punition radicale : la mort.

Les Indiens du Brésil, aux cheveux longs et crépus avaient un aspect tout particulier. Nus ou parfois vêtus de peau d'opossum, de kangourou ou de feuilles de bananiers, ils étaient couverts de tatouages, les oreilles percées et les lèvres distendues par des rondelles de bois. Dans leurs cheveux, des plumes d'oiseaux ou des cornes de bovidés faisaient office d'ornements. Leurs danses effrénées et leurs peintures guerrières les rendaient encore plus féroces d'aspect, lorsqu'un conflit se déclarait entre tribus ennemies.

Parmi ces primitifs barbares, certains étaient valeureux, d'autres anthropophages, ce qui constituait un danger supplémentaire pour les pauvres missionnaires. Ils employaient des flèches empoisonnées pour trouver leur nourriture et dormaient sur le sol, dans le plus parfait état de dénuement.

2. Évangélisation des Indiens sauvages

Toutes ces tribus, ces ethnies allaient constituer un terrain fertile à l'évangélisation par les pères Capucins, ainsi que par d'autres Ordres religieux.

Le 9 juillet 1872, une loi fut promulguée. En résumé, elle demandait :

– le maintien de plusieurs grandes colonies ou missions,

– la construction de villages “aldeamento”,

– la venue de missionnaires Capucins,

– la création d'écoles pour apprendre à tisser, à filer, à cultiver la terre...

Mais Padre Gioacchino et Padre Vigilio de Amblar étaient déjà en pleine activité missionnaire. Le 9 octobre 1872, Padre Gioacchino écrivait à son beau-frère :

... Je ne me trouve plus à Rio de Janeiro mais dans le Rio de la Puaia où je suis en train de faire un “aldeamento” pour les indigènes.

Le gouvernement m'a donné une très grosse somme et de la terre pour construire un nouveau pays... Les Indiens commencent à parler la langue nationale, surtout les enfants...

Mais les missionnaires devaient cependant tenir compte que ces sauvages d'Amérique préféraient leur condition d'indépendance au milieu des forêts.

La nature leur apportait avec générosité tout ce dont ils avaient besoin ; aussi le travail et l'éducation ne les intéressaient guère. Leur ignorance leur convenait très bien et les maintenait dans un genre de vie où tout développement moral et intellectuel était inexistant.

3. Éducation et fondation de villages

Padre Gioacchino avait une tâche d'une telle ampleur à accomplir qu'il écrivait encore dans cette même lettre :

Seul le Seigneur pourra me récompenser de mes travaux.

Pourtant, un an à peine après leur arrivée, ils fondaient déjà le premier village de "l'Immaculée Conception".

De Rio de la Puaia, le 3 mars 1873, Padre Gioacchino écrivait encore à son "amoroso fratel cognato", son très cher beau-frère Pietro :

... Je suis en train de travailler à l'œuvre la plus sainte, devant Dieu et les hommes. Vous savez que l'Empereur très catholique du Brésil m'a nommé directeur et missionnaire apostolique des nouveaux Indiens que, modestement, j'instruis dans la loi évangélique de Jésus-Christ.

De la terre m'a été assignée, ainsi qu'une somme mensuelle qui me sert pour le maintien des Indiens et pour la construction d'un nouveau pays dont les ouvriers sont sous ma direction.

Comment pourrais-je abandonner pour le moment une œuvre aussi grande et aussi sainte ?

Si je pouvais m'envoler, je m'envolerais et si je pouvais dédoubler mon corps, je le ferais, mais je ne suis pas un Saint Antoine de Padoue ou un Vincenzo Ferreri.

... J'ai donné la sainte mission dans quatorze pays. Habituellement, je prêchais avec un compagnon et les prêtres confessaient. Mais, plus d'une fois, pour la prédication j'étais seul.

Croyez-moi, je ne raconte pas ceci pour vaine gloire, mais pour m'humilier davantage connaissant ma nullité. Je terminais ma mission tard le soir et dans la nuit j'allais dans "les cases" des pécheurs les plus obstinés et des concubins.

En entendant ma voix, ils m'ouvraient. J'entrais alors et avec de douces paroles j'essayais de les convaincre à se convertir. En même temps je les confessais et les mariais car j'avais, de l'Évêque, permission et faculté.

Lorsque je partais pour un autre lieu, le pays restait désert, car tous venaient m'accompagner.

Et, si je ne les obligeais pas à s'en retourner, ils ne me laissaient pas. Moi, de tendresse, j'étais ému aux larmes et eux aussi fondaient en pleurs. En vérité, je restais confus et toujours plus humble en voyant tant de fruits spirituels que Dieu opérait par l'intermédiaire du "vil instrument" que je suis...

Les paroles de l'humble père Capucin étaient celles inspirées par l'Esprit Saint qui illumine l'âme et donne la force. Et, pour les sauvages, cet homme étranger si différent d'eux par son physique, la couleur de sa peau, ses vêtements et qui osait pénétrer dans leur univers avait quelque chose de surnaturel.

Pourtant, la sincérité de son regard et sa douce influence avaient fini par les apprivoiser et les convaincre.

Mais son ministère apostolique ne l'empêchait pas de penser à la Sicile. En effet, Padre Gioacchino aurait bien voulu être aussi à Canicattì, car il caressait un autre rêve : construire un "somptueux" hôpital, pour les malades de sa terre natale.

Cependant, sa mission au Brésil était loin d'être achevée...

De Rio de Janeiro, le 8 octobre 1873, il avait écrit à son beau-frère, Don Pietro Testasecca :

... Je n'ai pas oublié la Patrie.

Laissez-moi travailler pour l'instant. Que l'Église triomphe. Un jour, j'ai baptisé 31 infidèles ou païens ; et j'en ai tellement baptisés que je ne m'en souviens plus du nombre...

Je ne puis laisser l'œuvre très sainte de la propagation de la foi ; laissez-moi travailler dans la vigne du Seigneur.

Ici, grâce à Dieu, on vit bien, nous les prêtres, et en particulier les missionnaires pour la diffusion de la foi. Nous sommes très respectés. Les francs-maçons seulement nous regardent mal car nous ne cessons de prêcher contre eux, en leur disant en face ce qu'ils sont [...] Qu'ils sont l'objet de la colère de Dieu, qu'ils sont excommuniés non seulement de Pie IX, mais de tous ses prédécesseurs, car ils sont la cause de la persécution de l'Église.

... et la peste de la société.

Les pauvres, j'ai de la compassion pour eux, ils sont aveugles mais je n'arrête pas de prier indignement pour eux...

Par ce courrier, on peut voir combien Padre Gioacchino était occupé et absorbé par sa vocation et son devoir de transmettre la foi.

Un texte du Concile s'applique d'ailleurs tout à fait à cette action :

La raison de l'activité missionnaire descend de la volonté de Dieu, lequel veut que tous les hommes soient sauvés et rejoignent la connaissance de la vérité.

Conc. – Vat. II, Activité missionnaire de l'Église, 7.

Dans le silence profond de la forêt, que seuls les cris des oiseaux et le bruissement des feuillages venaient troubler, l'Apôtre du Brésil entonnait parfois une mélodieuse chanson, de sa voix mélancolique et vibrante de baryton.

Les sauvages entendaient cette prière, ce "Te Deum" à la gloire du Père Éternel et de la nature.

Ce chant mystérieux et incompréhensible qui s'élevait au milieu des bosquets les attirait et leur faisait oublier leur peur de l'homme inconnu. Le son du tambour qui accompagnait ses airs résonnait sous les arbres gigantesques où la civilisation n'avait encore jamais pénétré.

Les Indiens écoutaient, cachés derrière la végétation et les branchages, surpris par ce mystère les entourant, s'approchant doucement. Padre Gioacchino et ses chants les avait apprivoisés. Les terribles guerriers avaient donc une âme ! Aidé sans doute par la Providence, Padre Gioacchino allait avoir une singulière faculté de comprendre ces indigènes et surtout de se faire comprendre par eux.

En réalité, plus que la voix, c'était sa simplicité et sa personnalité qui les captivaient. Ses yeux et son visage s'illuminaient lorsqu'il parlait de Dieu, de l'Être Unique.

Les Indiens étaient attentifs, étonnés, les mains sur la bouche, les yeux écarquillés. Le missionnaire lui-même était surpris.

Comment ai-je fait pour leur faire comprendre cela ?

Mais Dieu s'explique tout seul. C'était cela la solution et il continuait avec fougue son discours dans un langage curieux qui, néanmoins, surprenait et secouait les consciences.

Ainsi, les superstitions allaient tomber et les prières naître. Parfois, dans ces âmes incultes s'éveillait une pensée humaine de bonté alors que depuis leur enfance elles n'avaient connu que le sang et la vengeance.

Padre Gioacchino leur donnait la force de pardonner et pour lui c'était une joie indescriptible lorsqu'une âme arrivait à la porte de la foi.

Plusieurs autres villages seront fondés dans des zones sauvages et impraticables dont celui du site de San Fedele en 1874, puis plus tard à Etueto.

Pendant cinq ans, Padre Gioacchino allait travailler inlassablement avec le père Michelangelo de Troina. Dans leur Saint ministère de pionniers et d'apôtres du Christ, les missionnaires apprivoisaient et éduquaient ces féroces sauvages.

Ils leur enseignaient à construire des campements aux toits de paille, à travailler la terre, à cultiver le café, le coton, la canne à sucre ou à recueillir la gomme arabique.

Cependant, l'œuvre de Padre Gioacchino avait éveillé la jalousie de la secte maçonnique qui ne supportait pas la diffusion de la religion aux Indiens et aux sauvages du Brésil. Il devenait nécessaire de l'évincer pour ne pas voir entraver leur projet qui était de renverser l'organisation politique et l'organisation morale de l'Empire brésilien.

C'est ainsi qu'un matin, Padre Gioacchino avait été réveillé en toute hâte. Un guide venait le chercher sous le prétexte d'apporter assistance et réconfort à un moribond. Le père fut accompagné dans l'épaisse forêt où toute aide et toute fuite étaient impossibles.

C'était bien sûr un guet-apens. Un Indien l'attendait pointant son arc meurtrier.

Alors, d'une voix ferme, Padre Gioacchino lui avait dit, les bras tendus vers lui :

Mon fils, pourquoi veux-tu me tuer ?

Quel mal t'ai-je fait ?

À ces mots, l'Indien avait laissé tomber sa flèche et avait disparu dans la forêt. Le piège ne pouvait réussir, la vie de l'humble apôtre était trop précieuse.

De la colonie d'Etueto, dans la province de Minas, Padre Gioacchino avait écrit à son beau-frère, le 2 avril 1878.

Très cher beau-frère,

... Je vous supplie de m'écrire.

... Dites-moi si ma bien-aimée maman est vivante ou morte car ici le Supérieur me dit qu'elle est morte. Concetta et Cocò m'ont écrit qu'elle était paralysée, alors je ne sais qui croire...

Ici, je me trouve promis avec le Saint-Siège et avec l'Empereur pour la fondation d'un grand village...

Mon compagnon, vice-préfet et directeur, est le révérend Michelangelo de Troina, jeune et d'illustre famille, neveu du Grand Celesia et de l'abbé Romano.

... Nous avons fondé deux collèges, un de jeunes garçons et un de filles et nous avons aussi formé un groupe musical. Nous les avons associés à notre très sainte religion. Nous vivons contents dans les terribles persécutions ; nous ne craignons pas la mort, au contraire nous l'attendons comme une couronne imputrescible, couronne de gloire et on s'estimerait heureux de mourir pour la propagation de l'Évangile de Notre Seigneur Jésus-Christ.

... Faites-moi la faveur de dire à maman que, si elle ne peut m'écrire, elle m'envoie sa bénédiction. Si elle est morte, écrivez-moi pour que je puisse la pleurer, comme Saint Agostino a pleuré sa mère...

Padre Gioacchino avait écrit aussi à sa sœur.

Très chère Teresa,

... Laisse-moi travailler pour la gloire de notre Jésus ; j'ai été honoré par le gouvernement avec le diplôme impérial, mais la médaille et le diplôme je ne les attends pas de l'homme, mais de notre amoureux Seigneur.

Mon désir est de t'embrasser avec ton mari et mes neveux, mais pour l'instant je ne peux ; car, si je laissais les saintes œuvres commencées tout irait mal...

Dis à ton mari qu'il écrive à l'abbé Romano et à l'Archevêque de Palerme Celesia, que je suis avec son neveu (Fra Michelangelo de Troina) et que nous vivons en parfaite harmonie...

Ton bien-aimé frère
Frère Gioacchino

4. Souffrances

Pendant toutes ces dernières années, de nombreuses conversions s'étaient opérées, des âmes avaient été régénérées par le Baptême ou le Mariage.

Mais, combien de fatigue, de sueur, de souffrances et de privations furent endurées par les missionnaires constamment exposés aux risques et périls de ces milieux inhospitaliers.

Après avoir tout abandonné, après avoir traversé océan, fleuves et lacs infestés d'insectes venimeux, pénétré dans des forêts peuplées de tigres, de serpents et d'animaux féroces, franchi des montagnes, vu défiler des immensités de solitudes inextricables faisant peur à l'homme le plus courageux..., ces pionniers, ces apôtres avaient encore la force et la volonté de servir Dieu.

- Combien d'écoles, d'hôpitaux, d'asiles, de villages, d'œuvres de charité étaient dûs aux missionnaires Capucins, avec une part prépondérante aux Capucins de Sicile !...

- Combien de missionnaires en ces lieux sauvages y avaient laissé leur vie !...

donnant leur sang pour la religion, la foi et pour instruire dans la loi évangélique de Jésus-Christ.

L'apostolat de tous ces célèbres missionnaires et leur mémoire ne devaient jamais être oubliés et aujourd'hui encore, ils sont toujours vénérés.

Mais, dans cette œuvre courageuse, les missionnaires allaient encore rencontrer de très graves difficultés. Le fléau d'une épidémie de "sarampo", fièvre avec éruption cutanée et complications bronco-pulmonaires, inexorable, mortelle et contagieuse s'était abattu sur les villages, s'ajoutant à la malaria et à la scarlatine.

Lors de cette situation désespérée, les religieux n'avaient pas abandonné leur poste, baptisant les moribonds, soignant les malades et faisant ensevelir les cadavres. Ces missionnaires dévoués et courageux devant tant d'adversité et malgré leur amertume, continuaient pourtant à employer leur énergie à construire église, hôpital, école et infirmerie.

Le grave problème sanitaire de ces centres était également lié au manque de viabilité et de communications avec les villes, bien que quelques routes avaient été aménagées. En 1876, Metodio de Nembro écrivait au sujet des missionnaires Padre Gioacchino et Padre Vigilio, qu'ils avaient déjà ouvert soixante-neuf kilomètres trois cents de routes dans diverses directions pour lier la catéchèse aux localités des alentours.

D'autres routes avaient été depuis améliorées avec la construction de quelques ponts.

Cependant, forêts vierges et marais le long des fleuves restaient toujours infranchissables. Malgré leur isolement, la colonie du village produisait des céréales, du café, de la canne à sucre, du cacao et s'occupait aussi de l'extraction des essences précieuses d'arbres de la forêt.

Mais le manque d'argent allait commencer à créer de graves difficultés matérielles pour maintenir le bon fonctionnement du village missionnaire.

Depuis plusieurs mois, Padre Gioacchino ne disposait plus des ressources alors accordées par sa Majesté impériale et qui permettaient de soulager les pauvres de la communauté.

L'ordre maçonnique savait qu'en faisant supprimer ces aides aux missions (sous le prétexte de renflouer les finances de l'État), les pères Capucins ne pourraient plus continuer leur œuvre. Totalement démuni, Padre Gioacchino allait rester seul, car Padre Michelangelo était déjà parti à Rio de Janeiro pour chercher des aides diverses. Malheureusement, il n'allait pas revenir, ses supérieurs l'ayant envoyé vers d'autres régions. Tout reposait désormais sur les frêles épaules de Padre Gioacchino.

Fatigué, angoissé et attristé, il ne savait plus que faire. L'argent et les forces lui manquaient de façon inexorable.

La population était agitée et se rebellait, lui montrant hostilité, haine et dédain. Les Indiens ne l'écoutaient plus et, pris de fureur, allaient saccager le village d'Etueto, le détruisant littéralement. C'était le triomphe de l'anarchie et la fin de la vie de missionnaire du serviteur de Dieu.

Les planteurs brésiliens, énervés par les libertés concédées à leurs milliers d'esclaves allaient aussi se soulever avec le peuple contre l'Empereur Pierre II, l'obligeant à abdiquer le 15 novembre 1889.

Le malheureux monarque, résigné, reviendra en Europe où il mourra à Paris en 1891, auprès du Sacré-Cœur et de Notre-Dame.

Padre Gioacchino, en voyant ainsi se disperser "ses enfants", ne pouvait calmer ses pleurs et sa douleur.

Les colonies s'apprêtaient à déserter.

À cette impression d'abandon allait se greffer des pensées d'une extrême mélancolie. Pour épancher son âme torturée, Padre Gioacchino allait écrire une multitude de poésies sublimes, dont la plupart seront en l'honneur de la Sainte Vierge, pour lui exprimer l'amour ardent qui lui brûlait le cœur.

En voici seulement quelques extraits, car pendant sa vie monastique le serviteur de Dieu a écrit plus de vingt-sept mille six cents vers en italien, en sicilien et en portugais, montrant ainsi qu'il était également un très grand poète.

A Maria
À la Sainte Vierge Marie

Pel tuo amore, ogni cosa lasciai,
Mi donai al benigno tuo cuor ;

ou encore :

Quand viendra l'heure
Quand viendra le moment
Où nous aurons le bonheur
De t'aimer dans le ciel ?

Là, toujours et sans voile
Nous verrons ton beau visage,
Pour toujours dans le Paradis
Nous l'aimerons.

Ô quel bonheur nous aurons !
Nous serons toujours béats
Nous serons comblés
Par toute tendresse.

... Mille cœurs je voudrais avoir
Et un cœur grand comme la mer
Pour t'aimer et te faire
Toujours et toujours, et toujours aimer !...

Padre Gioacchino devait écrire aussi d'autres poèmes pour la conversion des pécheurs.

Ritorna a Dio, l'Inferno, la Fede, la Mormorazione, Atto di dolore...

Reviens à Dieu, l'Enfer, la Foi, la Médisance, Acte de douleur...

Et, à sa Sicile natale pour laquelle il ressentait une très grande nostalgie, il va dédier une très belle poésie écrite en "dialecte sicilien".

La Sicilia

La Sicile

Sugnu Sicilianu e mi nni vantu,
Di la me terra pozzu dari cuntu,
Nun sugnu tristu, nemmenu su'santu,
Sentu la fidi viva in ogni puntu,
Sugnu Sicilianu e mi nni vantu.

Su di Palermu citadinu natu,
Di lu miu regnu capitali bedda,
Sugnu di chidda terra nnamuratu,
Unni si mancia lu pani a fedda a fedda...

Padre Gioacchino exprimait ainsi sa grande fierté d'être Sicilien.

Je suis Sicilien et je m'en vante !

D'ailleurs, dans une lettre à son beau-frère, il exprimait ses regrets de voir que le Brésil ne produisait rien de ce que l'on pouvait trouver en Sicile.

Il pensait notamment au blé, cet or qui permettait d'avoir du pain, ce pain qui manquait tant aux affamés.

En Sicile, même les plus défavorisés pouvaient le "goûter", en le mangeant tranche après tranche, sans jamais oublier de tracer auparavant le signe de la croix sur ce pain bénit. L'humble Capucin devait se remémorer aussi le temps où son père, Don Nicolò, faisait travailler tous les pauvres dans ses terres pour les soulager de la famine.

Et pour Padre Gioacchino, le pain était bien plus encore qu'une nourriture terrestre :

- C'était le corps du Christ.

Mais la Sicile, cette terre où la foi était si vive, n'était pas la seule source d'inspiration pour le poète. De toutes ses poésies, il en était une particulièrement déchirante qui exprimait avec une grande force tout son désarroi.

Il parlait de ses souffrances, de sa solitude dans la nuit tropicale, évoquant aussi tous les drames vécus au milieu des forêts.

En effet, Dieu seul connaissait tous les dangers auxquels Padre Gioacchino avait échappé. Après les horreurs de la guerre, les forêts vierges, s'étaient avérées toutes aussi menaçantes, recelant mille périls mortels. Fièvres, maladies tropicales, insectes venimeux, marécages, bêtes fauves, Indiens sauvages mangeurs d'hommes..., rien n'avait été épargné au pauvre missionnaire.

Parfois, lorsqu'il n'avait plus la force de rejoindre le village de la mission, il passait la nuit en forêt abrité par quelques branches, se couchant sur un lit de feuilles. Il lui était même arrivé de dormir, sans s'en douter, en compagnie de serpents attirés sans doute par la chaleur de son corps.

Perdu dans les forêts, écorché, piqué par les ronces et les épines, les pieds et les jambes ensanglantés, il cherchait toujours des âmes à sauver.

Un jaguar aussi l'avait menacé un jour alors qu'il traversait une forêt pour rejoindre un village à évangéliser. Padre Gioacchino s'était alors réfugié dans une fervente prière vers la Mère Céleste, avant de chanter de sa voix puissante un Ave Maria. Le fauve s'était approché du pauvre père, l'avait flairé à plusieurs reprises, puis s'était éloigné. Seule la puissance de la prière avait pu vaincre le féroce animal, ainsi que l'intercession de la Sainte Vierge Marie.

Voici donc un extrait de cette pathétique poésie :

Stato mio nella Colonia.   Mon état dans la colonie

Cinq années que je suis dans l'oubli
Et mon Père me laisse pourrir
Parmi les bêtes féroces, il me reste à mourir,
Abandonné parmi peines et douleur.

Mon Père ne veut pas m'appeler
Il ne m'écoute pas, il me laisse peiner,
La permission il ne veut m'envoyer
Il ne réagit pas à ma juste clameur.

... À voir se disperser mes enfants
Plus, je ne peux freiner mes pleurs
Je suis fatigué et ne sais que faire.
Sans moyens, je me détruis dans la douleur.

Mais, malgré toute cette tourmente, Padre Gioacchino gardait la foi et sa confiance en Dieu, qu'il aimait de toute son âme et de tout son cœur.

L'humble père disait aussi :

Coraggio e taci
Tutto questo è voluto da Dio
Courage et tais-toi
Tout ceci est voulu de Dieu.

En effet, si Dieu a laissé Padre Gioacchino aller au plus profond du désespoir, c'était sans doute pour mieux le récompenser ensuite, puisqu'il lui a permis de réaliser de nombreux miracles de son vivant et même après sa mort.

Nostalgie, désespoir, solitude...

À eux seuls, ces trois mots pourraient traduire l'état d'âme du serviteur de Dieu lorsqu'il pensait à sa chère famille restée en Sicile et surtout à sa mère.

CHAPITRE VI
Retour dans la patrie

1. L'ordre de retour
2. L'accueil de l'Apôtre du Brésil
3. L'Ordre religieux en Sicile
4. La construction du couvent de Canicattì

1. L'ordre de retour

Le 14 janvier 1880, Padre Gioacchino allait recevoir une lettre du frère Salvatore Maria de Naples, Commissaire général des missionnaires apostoliques Capucins de l'Empire du Brésil et de la République de l'Uruguay, Préfet apostolique des missions de Rio de Janeiro.

Ayant père, ruiné votre santé dans les campagnes des Indiens de la province de Minas Gerais dans cet Empire et devant le risque qu'elle s'aggrave chaque jour un peu plus, nous avons décidé dans le Seigneur de vous donner ce document d'obéissance afin de vous rendre à notre collège de Rome et de vous présenter au Révérend père Procureur général et aux ordres duquel vous vous mettrez.

Que Dieu vous bénisse et que la Vierge Immaculée vous guide durant le voyage.

Cet ordre d'obéissance fut pour Padre Gioacchino un jour de grande douleur, car il aurait voulu continuer encore sa mission. Les douze années de service passées en Amérique du Sud dans des conditions les plus dramatiques avaient entamé la fibre solide de son corps, mais sa volonté de fer lui commandait encore et encore de rester parmi "ses enfants".

Pour les servir, il aurait donné sa vie. Mais, par obéissance à ses supérieurs qui avaient appris son mauvais état de santé, il devait se plier et s'embarquer pour l'Italie.

Néanmoins, cette lettre était un peu la main tendue pour que le pauvre père continue son apostolat, en soulageant les souffrances de son peuple.

Adieu forêts vierges, adieu pauvres Indiens !...

Dans ces contrées du bout du monde, l'activité des missionnaires avait été prodigieuse et plus de treize villages avaient été fondés. Cette tâche ardue d'évangéliser les sauvages Indiens, confiée à Padre Gioacchino par ses supérieurs (sans doute inspirés par le Seigneur), pouvait désormais s'inscrire en lettres d'or dans une page de gloire pour l'Ordre des Capucins. D'ailleurs, dans le livre de leurs Apôtres méritants, figure le nom du très humble frère Capucin Sicilien.

Vers les premiers jours de mars 1880, un navire appareillait de Rio de Janeiro.

Padre Gioacchino quittait le Brésil pour retrouver sa patrie : l'Italie.

Il avait quarante-neuf ans.

2. L'accueil de l'Apôtre du Brésil

Après pratiquement un mois de navigation, le missionnaire allait débarquer à Naples, le 1er avril 1880.

Le lendemain, il arrivait enfin à Rome.

Son neveu, Nicolò La Lomia, était venu tout spécialement l'accueillir. Pendant tout son interminable voyage, Padre Gioacchino avait attendu et imaginé son retour dans sa Patrie où, enfin, il allait pouvoir retrouver les siens et surtout sa chère mère.

Pourtant, l'inquiétude lui serrait le cœur car, depuis longtemps, il était sans nouvelles de sa chère maman. Souvent, il lui avait écrit d'Amérique sans obtenir de réponse, souhaitant au moins sa bénédiction, l'espérant toujours en vie.

Après s'être embrassés, il avait demandé à son neveu :

Et maman ?... Comment va-t-elle ?...

En voyant son expression, Padre Gioacchino avait compris. Il ajouta lui-même :

Elle est morte. Quand ?

En fait, la maman de Padre Gioacchino, Donna Eleonora, s'était éteinte un an auparavant, le 14 avril 1879, après trois ans de souffrances causées par la paralysie qui l'avait clouée sur une croix invisible.

Pour secourir les miséreux, elle était morte presque pauvre après avoir vendu bon nombre de ses biens. Aussi sainte que son fils, ayant vécu pour les gens modestes, sa dépouille avait été accompagnée au cimetière par une foule en pleurs.

Padre Gioacchino ne pourrait donc jamais plus embrasser sa maman.

Il n'y avait plus rien à dire ou à vouloir. Il restait à transformer cette immense et profonde douleur en amour.

Signore, sia fatta la tua divina volontà !

Seigneur, que ta divine volonté soit faite !

Le voyage en train, ramenant Padre Gioacchino de Rome vers sa Sicile natale, fut encore long.

À l'époque, la ligne ferroviaire n'arrivait pas jusqu'à Canicattì et les voyageurs devaient donc descendre à Caldare, ville distante d'une trentaine de kilomètres.

Alors qu'il s'apprêtait à sortir de la gare, le père aperçut une foule qui l'acclamait avec des : "Viva Padre Gioacchino" !...

La renommée de son apostolat et de sa sainteté avait précédé son arrivée en Sicile et la population était venue l'accueillir comme un Saint. Pourtant, ce n'était qu'un début car, à Canicattì, ce fut un vrai triomphe.

Avec la rapidité d'un éclair, le bruit s'était répandu qu'un fils de noble (ce riche devenu pauvre de Dieu), était de retour parmi les siens et cette nouvelle suscitait l'enthousiasme.

- Padre Gioacchino avait risqué sa vie dans des lieux invraisemblables par amour du Christ.

- Padre Gioacchino avait réussi à fonder des villages et à civiliser des tribus d'indigènes primitifs.

Tout ceci, et en particulier la grâce de Dieu, lui conférait un haut prestige spirituel et de sainteté.

Arrivé à Canicattì, sa première visite fut pour la tombe de sa mère. Agenouillé, en prières, il était transfiguré et paraissait lui parler dans l'au-delà. Puis, enfin apaisé, il s'était levé et avait dit à ceux qui l'entouraient :

Mia Madre è in Paradiso !

Ma mère est au Paradis !

À Canicattì, en avril 1880, Padre Gioacchino se trouvait donc hébergé par son neveu Don Nicolò. Mais la maison du baron La Lomia allait être désormais le lieu de longs pèlerinages ininterrompus.

Sous les fenêtres du palais familial, la population se rassemblait pour essayer d'apercevoir l'humble père, pour l'implorer ou recevoir sa bénédiction.

Nuit et jour, hommes, femmes, enfants, vieillards, étaient là pour honorer cet humble Capucin déjà auréolé de sainteté.

Aussi, la famille La Lomia allait commencer à s'impatienter et à s'énerver d'être continuellement importunée par ces attroupements autour de la maison.

Padre Gioacchino ne pouvait même plus sortir car la foule qui se pressait autour de lui l'empêchait de faire le moindre pas, le bousculant pour lui embrasser les mains ou obtenir une faveur. Certains allaient même jusqu'à déchirer son habit en lambeaux afin de garder jalousement une relique de cet Apôtre du Brésil.

Assailli par la foule de fidèles, il fallait parfois l'intervention des carabiniers pour qu'il puisse regagner la demeure familiale.

La confusion régnait. Don Nicolò s'était pourtant déplacé jusqu'à Rome pour accueillir Padre Gioacchino son oncle.

Cependant, il ne pouvait plus supporter de voir sa propre demeure prise d'assaut.

Un jour, pour manifester son vif mécontentement et son énervement, il avait prononcé des propos sacrilèges.

Dans la nuit, pris de violentes douleurs et de forte fièvre, il avait réclamé l'aide de son oncle qui lui avait dit :

Cela te plaît de blasphémer ? Alors, prends patience avec tes douleurs...

Devant la promesse de son neveu de ne plus offenser Dieu, Padre Gioacchino l'avait béni et celui-ci s'était trouvé rapidement soulagé de ses douleurs.

À Canicattì, sa première prédication eut lieu dans l'église de San Diego, là où jadis le Padre Michele avait enflammé son cœur.

• Pendant la messe et la prédication, une foule de gens avait amené un paralytique. Le Saint homme lui avait à peine donné sa bénédiction que l'infirme s'était levé, avait marché, puis s'était mis à courir dans la ville, louant Dieu et Padre Gioacchino.

• Un autre jour, alors qu'il se trouvait dans la maison de son beau-frère, des gens étaient arrivés amenant un autre paralytique sur une charrette.

Devant leur insistance, le père avait finalement consenti à se présenter sur le balcon et leur avait dit, troublé :

Mes enfants, que puis-je faire moi qui suis un grand pécheur ?

Pourquoi ne pas vous recommander à Saint François ?...

Agenouillons-nous, récitons un Pater Noster et le séraphique Père vous fera la grâce...

La prière était à peine terminée que l'invalide s'était levé de la charrette et s'était mis à courir en criant : je suis guéri !...

La foule allait soulever le miraculé et le porter en triomphe dans les rues de Canicattì avant de le raccompagner dans sa ville voisine. Bien d'autres prodiges devaient se produire.

Cependant, les carabiniers avaient de plus en plus de la peine à contenir cette marée humaine et de mauvaises langues accusaient Padre Gioacchino de troubler l'ordre public.

L'ordre maçonnique brésilien qui l'avait persécuté l'avait déjà signalé à celui d'Italie et Padre Gioacchino était sous surveillance. Les occasions pour intervenir ne manquaient donc pas.

Un matin de bonne heure, le pauvre père fut appelé au Commissariat de sécurité publique où, sans ménagement, on lui intimait cet ordre :

– ou partir immédiatement de Canicattì,

– ou aller en prison.

Connaissant la vénération de Canicattì pour son illustre père Capucin, il est difficile aujourd'hui d'expliquer cette énigme.

Comment avait-on osé soumettre un tel choix au serviteur de Dieu ? C'était plus que paradoxal et à peine concevable.

Padre Gioacchino allait donc "s'enfuir" de Canicattì. Il n'avait pourtant pas peur d'aller en prison, mais il voulait avant tout éviter une émeute au sein de la population. En effet, si l'arrestation du père vénéré avait eu lieu, une révolte aurait très certainement éclaté.

Aussi, afin de mettre un terme à tous ces ennuis, et en accord avec sa sœur Teresa, Padre Gioacchino (en grand secret) allait partir en exil à Messine à l'aube du 11 juin 1880, alors que le soleil s'apprêtait à irradier la terre.

Tout au long de ce voyage, il devait méditer et se remémorer ce qu'un jour il avait écrit :

Dans les calomnies, les accusations, les contradictions, dans l'être mortifié, injurié, méprisé, offensé, ne te défends pas, ne cherche pas d'excuses, ne donne pas à d'autres la faute, mais supporte tout, car tu mérites tout cela ; remercie le Seigneur qui te donne l'honneur, en quelque sorte, de Lui ressembler.

Padre Gioacchino acceptait donc tout ce qui lui arrivait comme une grâce du ciel.

À Messine, heureusement, il eut un ami et protecteur : le très éminent Archevêque Cardinal Guarino.

Puis, après un bref séjour, Padre Gioacchino allait se rendre au couvent de Sortino, seul couvent de Capucins ouvert en Sicile. Dans ce havre de paix, en compagnie de vingt-deux religieux, il pouvait enfin reprendre contact avec la vie monastique, loin des rumeurs du monde.

De là il allait écrire à son beau-frère, pour qu'il l'excuse d'être parti précipitamment de Canicattì, sans l'avoir salué.

Religieux modèle et généreux, Padre Gioacchino fut très apprécié et estimé par le révérend père Eugenio de Sortino, Provincial des Capucins de Syracuse.

Dans ce couvent où le noviciat avait été réouvert, le serviteur de Dieu fut nommé vicaire et examinateur de tous ceux qui voulaient être admis à l'Ordre des Capucins.

Alors qu'il se trouvait encore à Sortino, Padre Gioacchino allait écrire le 3 mai 1881 au révérend père général.

Il lui disait qu'il était actuellement dans ce couvent pour raisons de santé, avec l'illustre révérend père Eugenio, après être resté dans les missions et hors de sa patrie pendant dix-sept ans.

À ce père général, il expliquait que son "provincial" le réclamait vivement car un nouveau couvent devait se construire dans son pays à Canicattì.

En avril 1883, Padre Gioacchino insistait une nouvelle fois en expliquant que les deux autres provinces (Catania et Messine) avaient plusieurs couvents, des centres d'études et un noviciat.

Par contre, dans cette province de Palerme, la sienne, il n'y avait toujours pas de noviciat. Aussi, l'ancien missionnaire voulait faire revivre cette province défavorisée qui se mourait et pour laquelle il fallait absolument quelqu'un à l'esprit motivé et décidé.

Padre Gioacchino restera seize mois à Sortino dans "son jardin spirituel", priant jour et nuit avec compassion et miséricorde.

Voici d'ailleurs un fait prodigieux s'étant passé pendant son séjour :

• À Targia, près de Syracuse, deux mois s'étaient écoulés sans que des marins prennent un seul poisson à bord de leur thonier. Padre Gioacchino appelé à la rescousse, leur avait donné la bénédiction du "Père Eternel". Le résultat fut prodigieux : cent soixante-deux thons énormes furent pris le jour suivant, lors d'une pêche miraculeuse.

Des années plus tard, l'Archiprêtre Vito Modica, curé de Campofranco, diocèse et province de Caltanissetta, parlait de Padre Gioacchino dans une lettre écrite de sa main et certifiée conforme à la vérité.

L'Archiprêtre évoquait ses souvenirs. Il avait connu justement Padre Gioacchino à Sortino, au couvent des Capucins, où l'on se rappelait la piété et la dévotion de l'humble père.

Devant une image de la Sainte Vierge Marie, il avait trouvé un mot laissé par Padre Gioacchino.

O Maria che siete entrata nel Mondo senza macchia, deh ottenetemi da Dio che io possa uscirne senza colpa !

Ô Marie qui êtes entrée dans le Monde sans tache, ah, obtenez de Dieu que je puisse en sortir sans faute !

Puis en 1899, ils étaient partis ensemble en mission, d'abord à Campofranco, à Mussomeli et ensuite à Sutera. Dans cette lettre, l'Archiprêtre évoquait cette frénésie du vieux Capucin qui courait, plus qu'il ne marchait, pour aller visiter et bénir beaucoup de malades.

Dans chaque ville, Padre Gioacchino était accueilli et acclamé comme un Saint par toute une foule de fidèles. Le vénéré Padre était l'âme de la mission. Il y a encore une croix sur la chapelle de Saint Calogero à Campofranco que les fidèles appellent : la Croix de Padre Gioacchino, et que l'on vient toujours visiter en ayant foi dans le bon père.

"Tout inspirait sainteté en cet homme de Dieu" écrit encore l'Archiprêtre Vito Modica.

Tous, toujours, admiraient sa rare religiosité et piété, son humilité, son ingénuité quasi enfantine...

3. L'Ordre religieux en Sicile

Mais, revenons à l'époque où Padre Gioacchino était au couvent de Sortino. Durant toute sa longue absence, lorsqu'il était en Amérique, beaucoup de choses avaient changé en Italie. L'Ordre religieux avait grandement besoin d'être restauré car depuis treize ans et surtout depuis 1867, le Parlement national de l'Italie unifiée avait décidé la loi inique de suppression des maisons religieuses. Si cette loi supprimait les corporations religieuses, elle visait surtout à jeter son dévolu sur leurs biens dont l'administration passait ainsi au Ministère des affaires de culte.

Quant au Clergé, il serait payé par l'État. Divers projets avaient déjà heurté et soulevé des désaccords car ils étaient contre le concept : Église libre, dans un État libre.

Pourtant, les états pontificaux allaient être annexés au royaume d'Italie et le pouvoir des Papes renversé par l'Italie du "Risorgimento". Quant au Pape Pie IX, défenseur de l'Ordre et de la Religion, face à la révolution et au libéralisme, il devait être relégué dans ses palais du Vatican comme un prisonnier. Les biens des congrégations religieuses furent pillés et confisqués.

En novembre 1866, le maire (marquis de Rudini) devait donner l'ordre impératif à la communauté de Palerme de quitter leur siège dans les vingt-quatre heures. Quel immense chagrin pour ces religieux qui avaient passé toute leur vie au couvent, à louer Dieu ! Pour eux, cet ordre ressemblait à leur propre mort.

Padre Gioacchino, à cette époque, avait échappé à ce spectacle douloureux et à toute cette période d'insurrection et d'émeutes, même si des échos lui étaient parvenus en Corse et au Brésil.

4. La construction du couvent de Canicattì

Maintenant que Padre Gioacchino était de retour en Sicile, le projet de relever l'Ordre religieux et de fonder un couvent de Capucins dans son pays natal allait le préoccuper et l'accaparer encore davantage.

Depuis le Brésil, Padre Gioacchino avait déjà un rêve dans son cœur :

– construire, à son retour, un hôpital digne de respect afin de mieux soigner les malades de son cher pays.

Mais Dieu le destinait à une mission plus céleste : reconstruire "Son Église", comme l'avait fait jadis Saint François d'Assise. Ainsi, Dieu lui permettrait de soigner, non seulement les corps, mais aussi les âmes par la conversion des pécheurs et par ses miracles.

Plusieurs projets furent donc étudiés.

– Il y avait bien déjà un couvent près de l'église Saint Francesco qui pouvait être restauré. Pourtant, cette proposition ne convenait pas car un hôpital se trouvait à proximité et, en ce lieu, le futur couvent aurait manqué de tranquillité.

– On aurait pu aussi envisager de le construire à Santa Croce, mais c'était beaucoup trop loin du pays.

– Une autre solution existait pourtant.

Depuis son retour du Brésil, Padre Gioacchino avait posé les yeux sur une petite chapelle abandonnée "la Madonna della Rocca".

Son histoire remontait à sa fondation par le père Don Giuseppe Mario Merulla, mort en 1831, avant d'avoir pu satisfaire son désir de fonder, lui aussi, un couvent pour les Capucins.

C'est le père Francesco De Caro qui allait persévérer dans cette même idée avec foi et ténacité avec l'aide de pauvres gens qu'il incitait à travailler pour cette bonne œuvre.

Lors d'une prédication, à l'approche de Noël, Dieu allait le rappeler. Avant de mourir, ayant réuni sa famille, il devait prédire le jour et l'heure de sa mort. Deux jours avant, "la Madonna della Rocca" lui apparut.

L'église restera fermée et abandonnée jusqu'à ce que le père Gaetano Spalanga commence à faire bouger la population voisine et à restaurer la statue de la Sainte Vierge.

La Madonna Della Rocca

D'autres pères se succèderont et une nouvelle statue en bois sera commandée à un sculpteur de Palerme.

En 1864, un Christ en croix destiné aussi à l'église fut porté et amené au cours d'une émouvante procession avec musique, étendards et foule nombreuse.

Avant d'entrer dans l'église, on vit une colombe voler et se poser sur la croix de la façade.

Ce fut interprété à l'époque comme un heureux présage et "le signe" évident qu'il se passerait bientôt de grandes choses dans cette modeste église.

On comprend donc tout à fait que Padre Gioacchino ait pu se sentir attiré par ce lieu marqué par le symbole de la Paix et de l'Esprit Saint.

La décision fut donc prise de construire le nouveau couvent près de la petite chapelle de la "Madonna della Rocca".

Padre Gioacchino se trouvait encore à cette période au couvent de Sortino (dans la province de Syracuse). Cependant, il avait déjà chargé le père Antonio Fontana de s'occuper des formalités de cette "entreprise".

Une parcelle de terrain située autour de la chapelle sera cédée par la commune de Canicattì. L'autorisation de début des travaux sera demandée au père Daniele de Caltanissetta alors Ministre provincial de la province de Palerme afin qu'il l'obtienne du Saint-Siège.

Cette autorisation sera concédée par la Congrégation des Évêques et régularisée par décret le 17 novembre 1880. Dans l'immédiat, il s'agissait seulement de construire un bien petit couvent pour abriter, tout au plus, trois ou quatre pères. La suite viendrait plus tard.

En décembre 1880, Monseigneur Domenico Turano Évêque de Girgenti cédait à perpétuité la petite chapelle aux pères Capucins.

Quelques mois plus tard, cette cession fut confirmée par l'approbation du Saint-Siège avec le décret du 27 juin 1881.

Quelle joie !...

Aussitôt en possession des permis nécessaires, le père Fontana allait commencer l'édification du couvent, sous le regard protecteur de la Sainte Vierge.

Padre Gioacchino aurait voulu (comme d'après son esquisse) que le couvent soit construit sur la roche au lieu d'être adossé et enfoncé dans une espèce de conque qui rendait l'air suffocant l'été et très humide l'hiver.

Mais, dans l'impossibilité de diriger ou de s'occuper des travaux puisqu'il était toujours au couvent de Sortino, Padre Gioacchino accompagnait son collaborateur avec ses prières, tout en essayant de récolter des fonds.

Retiré du monde, dans le recueillement, il pouvait passer de longues nuits au pied du Crucifix pour soulager son corps et son esprit de ces tensions et de ces terribles désillusions qui l'avaient brisé.

Et, dans la quiétude de sa cellule ou sous le ciel étoilé, seuls lui parvenaient les cris des grillons et les senteurs de la nature, œuvre du Divin.

Contempler Dieu...

Vivre pour le Seigneur en faisant le sacrifice et le don de soi...

De Sortino, Padre Gioacchino expliquait dans une lettre à son beau-frère :

On me dit que le père Antonio s'est perdu de courage. Vous lui direz que dans huit jours, je lui ferai venir le courage.

En effet, auprès de sa grande et généreuse famille et aussi de la population, Padre Gioacchino essayait de recueillir appui et argent qui, parfois, manquait totalement.

Padre Antonio, lui aussi, travaillait tant qu'il le pouvait avec tout son attachement pour ce couvent.

Padre Gioacchino disait aussi dans sa lettre :

Avant d'aller à Canicattì, je dois me rendre à Messine pour parler à l'Archevêque, mon spécial bienfaiteur, vers lequel j'ai beaucoup d'obligations.

Je passerai encore à Catania et Syracuse, ensuite j'aurai le plaisir de me rendre dans la douce Patrie.

En cette période, deux Supérieurs provinciaux Capucins se "disputaient" Padre Gioacchino.

Celui de Palerme (le père Daniele) réclamait le retour du père La Lomia et celui de Syracuse (le père Eugenio) ne voulait pas le laisser partir puisqu'il l'avait affecté à sa province.

Finalement, le Provincial de Palerme, le père Daniele de Caltanissetta, aura donc recours au Supérieur général à Rome pour obtenir gain de cause.

Dans sa lettre du 23 juillet 1881, le père Daniele disait à son Supérieur que Padre Gioacchino se trouvait à Canicattì et qu'il n'avait pas l'intention de le laisser repartir.

Si c'était le cas, il s'attirerait l'indignation de la municipalité et du peuple qui se montrait très généreux pour la construction de ce couvent.

Le retour du père était donc indispensable pour que revive la désolée province.

De son côté, Padre Fontana insistait lui aussi auprès de ses supérieurs afin qu'ils consentent au transfert de Padre Gioacchino. Il était même allé le trouver à Sortino car il souhaitait vivement la présence du père pour l'inauguration du couvent naissant.

Quatre cellules étaient déjà construites, fruit de la générosité de certains, de la prière de tous, et de la Bénédiction du Seigneur.

Padre Gioacchino était attelé à son énorme tâche de construction.

Tu peineras avant de rencontrer le Seigneur.

C'est bien ce que faisait l'humble père depuis de longues années, dans un incessant don de sa personne.

En 1882, le nouveau couvent avec son église, ses quatre cellules et son dortoir fut officiellement inauguré. Pourtant, Padre Gioacchino son fondateur ne voulut jamais en être le "Supérieur", bien que son exemple et sa persévérance eurent une grande influence sur la renaissance des temps apostoliques et le triomphe de la foi chrétienne.

Définitivement de retour dans sa ville natale l'illustre père missionnaire avait été accueilli avec grand enthousiasme et reçu dans sa famille.

Cependant, peu de temps après, Padre Gioacchino faisait part de son intention d'aller habiter dans les toutes nouvelles pièces construites. Mais, Padre Fontana ne pouvait se résoudre à le laisser partir seul.

Il fit donc le sacrifice de s'installer avec lui dans ce lieu plein d'humidité, privé de toute commodité. Les travaux étaient à peine terminés et leur situation matérielle très précaire.

Pendant quatre mois, ce fut la mère de Padre Antonio Fontana qui se chargea de leur préparer et de leur envoyer leur repas, jusqu'à l'arrivée en cuisine d'un autre frère.

Mais les bases étaient jetées et, petit à petit, grâce à l'aide de la population, les murs du couvent allaient s'édifier, grandir et les travaux s'accélérer sous la conduite active et efficace, du serviteur de Dieu.

Tous, petits et grands voulaient aider le père Gioacchino qui, avec abnégation, travaillait sans relâche, transportant pierres, planches ou chaux, avec l'assistance du Seigneur.

Ce chantier devait lui rappeler très certainement la construction des villages d'Indiens lorsqu'il était missionnaire au Brésil.

Il avait exercé alors tous les métiers.

Selon les besoins du moment, il était devenu ingénieur, maçon, manœuvre, planteur de café, maître d'école, formateur en agriculture, médecin et par-dessus tout, il lui restait encore du temps à offrir à Dieu, en accomplissant sa profession de foi.

Ici, à Canicattì, l'édification du couvent se poursuivait avec même l'arrivée d'autres pères. Il y aura jusqu'à douze religieux.

Mais, même pendant les travaux Padre Gioacchino continuait à être sollicité.

• Une mère de famille était venue un jour le prier d'intervenir pour la guérison de son fils qui présentait des signes évidents de folie. S'étant rendu à leur domicile, le père Capucin avait trouvé le pauvre jeune homme en proie à une violente crise de démence. Pieds et mains liés, il était maintenu avec force par les parents.

Padre Gioacchino s'était approché de lui et, tout en demandant qu'on le détache, lui avait donné sa bénédiction.

À la surprise générale, le jeune homme s'était senti miraculeusement guéri, à tel point qu'en remerciement il demandera le lendemain à aller travailler au couvent.

• Padre Gioacchino avait été appelé aussi un autre jour au chevet d'une personne moribonde. Après l'avoir fait boire et lui avoir donné sa bénédiction, la malade soulagée avait poussé un grand soupir, pouvant enfin respirer profondément.

Au bout de quelques jours, elle était tout à fait rétablie.

En signe de gratitude, son père offrit au couvent une belle mule qui servit pour le transport du matériel nécessaire aux travaux de construction.

Enfin, pour orner le jardin et la colline qui surplombe le couvent, Padre Gioacchino plantera de nombreux cyprès, oliviers, amandiers, eucalyptus et fleurs.

L'évocation de ce jardin me ramène à l'époque de nos inoubliables séjours à Canicattì en 1997 et 1998 où nous nous étions promenés jusqu'à la prairie au-dessus du monastère.

Même plusieurs années après, je revois encore en pensée ce champ fleuri de coquelicots, de bleuets, de chardons et de mille fleurs inconnues, autour d'une maisonnette en ruine, appelée à être détruite.

Pourtant, cette petite maison au toit effondré restera un peu immortelle puisque Joseph, mon mari et artiste, l'a représentée dans l'une de ses œuvres, un beau pastel.

Au fil des ans, plusieurs œuvres viendront encore embellir l'église, dont un tableau représentant Saint Michel Archange.

Quant à la statue de Sainte Filomena, c'est la baronne Filomena Alcamese de Palerme qui l'avait tout d'abord offerte à l'église de Casteltermini.

Malheureusement, faute de place, la statue avait été reléguée à la sacristie. La baronne, mécontente de ce manque de respect pour la Sainte, voulait que cette statue revienne à Palerme.

Or, Padre Gioacchino qui se trouvait par hasard dans cette ville fut mis au courant de cette affaire par la baronne à qui il était venu demander une aumône.

Celui-ci avait alors suggéré de faire envoyer cette statue non pas à Palerme, mais au couvent de Canicattì où une chapelle pourrait être préparée spécialement. Cette proposition avait été acceptée avec enthousiasme.

Voici donc pourquoi la statue de Sainte Filomena fut installée au couvent des révérends pères Capucins de Canicattì.

En ce qui concerne le reliquaire de Saint Faustino, enfant martyr, il se trouvait auparavant dans l'église des "Benfratelli" de Termini.

Seulement, depuis les ordres de suppression, cette église avait été reconvertie en classe de musique.

Padre Antonio Fontana, qui était allé rendre visite au recteur de l'église Padre Bernardo de Termini, avait trouvé le reliquaire dans un triste état d'abandon et avait proposé de l'emporter à Canicattì. Après avoir eu son accord, Padre Fontana avait fait vérifier les scellés du reliquaire à Girgenti (Agrigente), par Monseigneur Turano, Évêque du diocèse.

D'abord déposé à l'église de Saint Diego à Canicattì, le reliquaire fut conduit le dimanche jusqu'à l'église de la "Madonna della Rocca". Il était porté sur les épaules de Padre Gioacchino, du père Antonio et de deux autres personnes. Une grande procession avec de la musique les accompagnait.

Padre Gioacchino avait ensuite fait un chaleureux discours, debout sur un muret du couvent, tout en encourageant la foule à prier Saint Faustino.

D'ailleurs, il incitait aussi vivement les futures mamans à donner à leur enfant le nom de l'un de ces saints, tant il était dévot à Saint Faustino et Sainte Filomena.

Grâce à Padre Gioacchino et à Padre Antonio, une statue et un reliquaire avaient été ainsi sauvés de l'oubli et de l'abandon.

On peut parler de "sacrilège" lorsque des œuvres d'art, des reliques sacrées ou des choses vénérables sont profanées, détruites ou tout simplement privées d'être regardées, malgré tout l'intérêt dont elles sont dignes.

Combien de sculptures, de manuscrits, d'œuvres saintes ont été saccagés pendant les guerres de religion ou les révolutions... C'est ainsi que même devant les plus grandes cathédrales de France se trouvent encore des sculptures décapitées de saints.

Cependant, malgré les profanations, malgré les actes de terrorisme, comme ce fut le cas au printemps 2002 pour la Basilique assiégée de la Nativité à Bethléem, les fidèles continuent à prier Dieu et ses Saints avec encore plus de ferveur.

Ainsi, dans sa lettre aux artistes, le Pape Jean-Paul II parle de cette sorte d'étincelle divine qu'est la vocation artistique de poète, d'écrivain, de peintre, de sculpteur, d'architecte, de musicien, d'acteur...

L'artiste qui perçoit donc cette étincelle en lui-même a le devoir de ne pas gaspiller ce talent, mais de le développer pour le mettre au service du prochain et de toute l'humanité...

Aussi, dans toutes les œuvres que l'on peut voir dans ces églises, il y a non seulement l'âme de milliers d'artistes, mais l'expression de leur croyance comme Michel-Ange à la chapelle Sixtine au Vatican, depuis la Création jusqu'au Jugement dernier.

Après le séisme et la tempête d'oppression qui avaient vidé les couvents de leurs religieux, plusieurs bâtiments furent rachetés et restaurés.

Pourtant, c'est à Padre Gioacchino que devait revenir l'insigne honneur de rouvrir plusieurs couvents. Après celui de Canicattì bien sûr, succèderont celui de Caltanissetta, de Termini Imerese et le collège de Monreale (Palerme).

Mais reconstruire est plus difficile que construire et la difficulté majeure que Padre Gioacchino allait rencontrer était la discipline religieuse, surtout dans la province de Palerme.

Après leur dispersion avec la loi de 1866, les religieux s'étaient réfugiés dans leurs familles et leur vie s'était embourgeoisée. Ils se faisaient sourds aux rappels de leurs supérieurs qui voulaient à nouveau les réunir en communauté, dans la sévérité de leur modeste cellule. Seuls quelques religieux plus fervents reprendront la vie commune.

Pendant de nombreuses années, l'humble et infatigable père Capucin ira de pays en bourgades perdues pour réveiller les consciences et la foi du Christ. Un sac sur l'épaule et un bâton à la main, il se déplaçait toujours à pied "Sempre a piedi", comme les Apôtres.

En juin 1997, alors que nous attendions au monastère le transporteur amenant de France "la statue de Padre Gioacchino", nous avions pu dans la bibliothèque regarder plusieurs films inédits retraçant la vie du Saint homme. Il s'agissait des versions originales de la cassette "sempre a piedi", conservées dans les archives du monastère. Sur une musique de Haendel (Sarabande), on voyait le parcours de la vie apostolique du père Capucin ainsi que sa maison natale avec ses balcons et son grand escalier.

Canicatti

Lors de nos séjours, de grands travaux de restauration étaient d'ailleurs en cours. Nous avons été particulièrement émus de pouvoir pénétrer dans cette demeure, de marcher sur les pas de Padre Gioacchino et de nous retrouver dans l'intimité de sa jeunesse. Ce furent des instants tellement intenses d'émotion que jamais nous ne pourrons les oublier.

Depuis, nous savons que cette restauration est achevée et qu'une grande procession dans Canicattì a fêté son inauguration.

CHAPITRE VII

L'apôtre de la Sicile

1. Le Décret de Vénérabilité – 2. Le Miracle
3. Faits prodigieux, humilité, charité
4. Pardon et amour de Marie

1. Le Décret de Vénérabilité

Alors que je suis toujours occupée en France à écrire ce modeste ouvrage, Padre Gaspare depuis son lointain monastère en Sicile nous a annoncé tout spécialement une merveilleuse nouvelle :

– le 23 avril 2002, sa Sainteté, le Pape Jean-Paul II a reconnu officiellement les vertus héroïques du serviteur de Dieu Padre Gioacchino en le proclamant **"Vénérable",** titre tant espéré le faisant avancer encore un peu plus sur le chemin de la glorification terrestre.

Voici un extrait traduit de ce décret :

["Ne jamais parler de choses du monde, mais parler toujours de choses de Dieu pour sa gloire et pour le bien du prochain et procurer la conversion des pécheurs".

Dans ces paroles écrites par le serviteur de Dieu Gioacchino de Canicattì se reflètent admirablement les finalités qui lui inspirèrent sa propre existence...

En vertu de sa renommée de sainteté, l'Évêque d'Agrigente a initié la Cause de béatification et de canonisation avec la célébration du Procès ordinaire informatif (1949-1951), complété par un Procès rogatoire instruit à Syracuse en 1950. La validité juridique de tels procès a été reconnue par la Congrégation pour la Cause des saints, avec décret du 26 avril 1985.

La "positio" préparée, il s'est discuté selon la procédure habituelle, si le serviteur de Dieu avait exercé de manière héroïque les vertus. Avec une issue positive, le 12 février 2002, il s'est tenu le Congrès particulier du Conseil de théologie.

Les pères Cardinaux et Évêques, dans la session ordinaire du 9 avril 2002, après avoir entendu la relation du "Ponente"[1] de la Cause, son Excellence Monseigneur Girolamo Grillo, Évêque de Civitavecchia-Tarquinia, ont reconnu que Gioacchino de Canicattì a exercé de façon héroïque les vertus théologiques, cardinales et annexes.]

Près d'un siècle après la mort du serviteur de Dieu, cet événement nous redonne espoir en nous prouvant un peu plus qu'il faut toujours garder patience et foi. En effet, le Procès diocésain avait été présenté au Saint-Siège avec beaucoup de retard en 1953. Ses écrits avaient été approuvés de la "Sacra Congregazione dei Riti" le 26 octobre 1966 et du Saint-Père Paul VI le 14 novembre suivant.

Cet heureux et récent résultat, sous le pontificat de Jean-Paul II, est aussi en l'honneur de Padre Gaspare Lo Nigro vice-postulateur de la Cause de béatification de Padre Gioacchino La Lomia de Canicattì et du père Angelico Lipani de Caltanissetta.

Et, c'est justement en sa qualité de vice-postulateur que Padre Gaspare s'est rendu à Rome en 1997 et a remis "le Miracle", pour la future béatification de Padre Gioacchino.

2. Le Miracle

• À Campobello de Licata, était née le 2 juin 1948, la petite Luigia, Giammanco. Malheureusement, ce bébé était affecté d'une malformation congénitale des membres inférieurs avec grave torsion vers l'extérieur. C'est le docteur Luigi Li Calzi qui, après avoir examiné l'enfant, l'avait reconnue atteinte de cette infirmité de naissance qui ne permettait pas d'envisager une quelconque guérison, ni avec l'aide de la médecine, ni par la chirurgie.

Ce diagnostic fut confirmé par le docteur Cammarata Costantino à qui la maman s'était adressée.

Quelques mois plus tard, en mars 1949, la petite fille fut amenée au sanctuaire de Canicattì, à l'église "Madonna della Rocca", sur le tombeau vénéré de Padre Gioacchino La Lomia. Sa maman était bouleversée et pleurait en espérant la guérison de son enfant. Elle était recueillie et adressait de ferventes prières au serviteur de Dieu.

1) Cardinal relateur.

De retour à Campobello de Licata, le soir, alors qu'elle s'apprêtait à allumer le feu pour cuisiner, elle s'aperçut que les petites jambes de l'enfant étaient complètement guéries.

Toute trace de malformation avait disparu.

Le miracle, le vrai miracle, s'était accompli.

En ce qui concerne la récente canonisation du Capucin "Fra Bernardo de Corleone", le 10 juin 2001, Padre Gaspare avait pu obtenir ces dernières années, des archives secrètes du Vatican, des actes manuscrits du procès qui permirent de réactiver la Cause de canonisation en attente depuis plus de deux siècles.

Les Procès ordinaires informatifs sur la renommée de sainteté furent instruits en 1675, suivis du décret d'introduction de la Cause. Les Procès apostoliques furent instruits dans les années 1678-1692. Le 2 février 1762 fut publié le décret sur l'héroïsme des vertus et sur les miracles le 2 février 1768. Le "Breve" de béatification fut émis le 29 avril 1768. L'Éminent Pontife Clément XIII le proclamait "Bienheureux", le 15 mai 1768.

Deux cent trente-quatre années plus tard était proclamée sa canonisation.

3. Faits prodigieux, humilité, charité

Padre Gioacchino, lui, en 1882 continuait à accomplir son œuvre civile et religieuse. Il parlait selon son cœur, dans un sublime langage, versant des larmes abondantes pendant ses prédications. Le ton de ses sermons pouvait être fort menaçant lorsqu'il parlait des punitions de l'enfer et des châtiments. Contre ceux qui osaient blasphémer et salir l'honneur de Dieu, il n'hésitait pas, même âgé, à lever vigoureusement son bâton en leur disant :

ou pénitence, ou enfer !...

Un jour, au cours d'une de ses prédications populaires, il avait aperçu un garçonnet affligé, habillé modestement avec des vêtements rapiécés et un peu trop grands. Il s'était approché de lui et lui avait dit :

Tu seras prêtre.

Ce fut effectivement une authentique prophétie de Padre Gioacchino puisque ce jeune garçon, Rosario Palermo, né à Casteltermini le 26 août 1890, allait devenir le père Ludovico Maria, prédicateur, vicaire et gardien. Ce ministre de Dieu, Apôtre de la Madone de Fatima fut le père de la croisade antiblasphème en Sicile. À ce sujet, Padre Gioacchino disait :

Chaque nation a sa propre langue. Nous connaissons l'individu qui est Italien car il parle la langue italienne, le Turc car il parle la langue turque.

Mais le blasphémateur à quelle nation appartient-il ? À la région de l'enfer, car il parle la langue des démons qui est justement le blasphème !

Et c'est ainsi que tous les deux (comme de bons chiens de garde) n'avaient jamais hésité à défendre contre tout ennemi, "le Patron de l'Univers". Padre Ludovico est mort le 4 août 1968, à l'âge de soixante dix-huit ans, dont soixante et un en religion.

Mais Padre Gioacchino pouvait aussi être doux et magnanime en invoquant la miséricorde de Dieu.

Le plus grand pécheur peut devenir Saint.

Alors, il invitait ses "Fratelli peccatori" à changer de vie, à expier leurs fautes et à marcher sur le chemin du salut.

C'est cette pensée dévorante qui va désormais s'emparer de lui : l'expiation des péchés du monde. Cette grande idée constituera toute la force de la vie spirituelle et apostolique de Padre Gioacchino.

I peccati del popolo, oh Signore, me li prendo io...

Les péchés du peuple, ô Seigneur ! je me les prends, moi...

Affronter les humiliations, souffrir et souffrir encore en martyr continuel, renoncer à tout, était le seul désir plein de sacrifices et d'amour du père Capucin.

Pourtant, à côté de ses vertus héroïques et de sa vocation contemplative, subsistait l'appel à la vie active au milieu du peuple. Tous pouvaient aller à lui comme au père, à l'ami ou au confident, avec la certitude de trouver un immense réconfort ou d'être libérés des chaînes de leurs péchés.

Sous son manteau de charité, avec seulement son bréviaire à la main, cet ange au visage mystique fascinait et secouait les âmes endormies. Son nouvel apostolat allait s'étendre non seulement à Canicattì, mais à toute la Sicile.

Ses paroles savaient agiter le cœur des foules et il devait parfois improviser pour parler du Seigneur. Debout sur une estrade ou une table en plein air, le serviteur de Dieu pouvait commencer ses prédications car les églises n'étaient plus assez grandes pour contenir cette marée humaine.

Son chant émouvant incitait à la pénitence, arrachait des larmes et amenait la population à changer de vie. Certains, après avoir entendu ses sermons ou l'avoir vu se flageller en public jusqu'au sang avec des chaînes, défilaient pieds nus dans les rues, une couronne d'épines sur la tête en récitant des prières.

Pendant des nuits entières, l'humble père confessait ses "frères pécheurs" en espérant voir leur retour à Dieu. Bien qu'exténué, il reprenait ensuite son pèlerinage, pieds nus dans ses sandales, vers d'autres lieux souvent très éloignés.

Padre Gioacchino en prière

• Un jour, alors qu'il marchait sous un soleil ardent tout en mangeant des fèves crues, il avait été invité par un voyageur qui revenait de Palerme à continuer sa route avec lui en "carrosse". Après avoir remercié et décliné l'invitation, le serviteur de Dieu avait reçu du Chevalier Carlo Gandiano, une généreuse offrande de vingt-cinq lires. Mais l'argent lui brûlait les doigts et il ne voulait rien garder pour lui-même.

Aussi, le brave père partit bien vite le distribuer à quelques pauvres sur la place du village. Toute sa vie était guidée par une grande directive : charité en Dieu, en tout, vers tous et pour tous. C'est cet amour, cette essence spirituelle et divine, qui lui donnait la force et la paix.

En Sicile, la vie de Padre Gioacchino était déjà du domaine du surnaturel et du légendaire avec de nombreux faits troublants ou extraordinaires.

• Deux carabiniers à cheval avaient rencontré un jour l'humble père, personnage à la silhouette fragile, qui cheminait seul à pas lents sur la route de Gela conduisant à Butera. Ce village, situé en hauteur, était encore fort éloigné et les carabiniers avaient été très étonnés de la destination du vieux moine.

Après les avoir remerciés de leur intérêt pour sa personne, Padre Gioacchino leur avait dit :

Dieu vous bénisse dans votre route. Quant à moi, n'ayez crainte, le Seigneur pourvoira.

Après avoir mis au trot leurs montures, les deux carabiniers étaient arrivés à Butera trois quarts d'heure plus tard. Sur la place, ils avaient été stupéfaits en apercevant en train de prêcher, le Crucifix en main, le moine rencontré sur la route.

Mais voici un autre fait encore plus surprenant :

• Un samedi matin, après une mission, Padre Gioacchino avait rencontré deux hommes de son pays : Calogero Pirrera et Diego Agrò qui étaient sur le chemin du retour après avoir travaillé à la minière de soufre de "Balata Liscia", près de Comitini.

L'un d'eux s'était offert pour lui payer le billet de train pour rentrer de "Grotte" à Canicattì, mais Padre Gioacchino avait refusé en disant :

Pourquoi donner de l'argent au gouvernement, alors que tu as des enfants pauvres, nu-pieds et affamés. Garde bien tes sous maintenant que tu as eu ta paye.

Les hommes étaient restés surpris. Comment le père Capucin avait-il pu savoir qu'ils avaient été payés de leur travail ? Finalement, ils choisirent de l'accompagner en faisant la route à pied.

Alors qu'ils cheminaient par un raccourci très caillouteux, Padre Gioacchino leur avait dit :

Voyez, mes enfants, comme nous étreint fort l'amour de Dieu.

Il avait entouré les deux hommes de ses bras, les serrant étroitement contre lui. Ils se sentaient légers, comme s'ils ne posaient plus les pieds par terre, soulevés dans les airs.

En un instant, ils s'étaient retrouvés près de l'église de l'Esprit Saint à Canicattì, à environ sept kilomètres. L'un des hommes, Calogero Pirrera, rendu malade par la frayeur et la stupeur, devait passer quinze jours au lit avec la fièvre. Rétabli, il était allé informer Padre Gioacchino de la peur qu'il avait éprouvée. Celui-ci avait tout simplement répondu :

Remercions le Seigneur.

Comment avait-il fait ? Prodige divin... Sa foi était tellement ardente et sa vie intérieure si profonde que seules les prières pouvaient l'exprimer.

Qui prie se sauve,
Qui ne prie pas se damne !
Le monde se perd car il ne prie pas...

C'est dans un grand recueillement que Padre Gioacchino célébrait la Sainte Eucharistie et il suivait la liturgie de la messe avec une ferveur d'ange. Au moment de la Consécration ou de la Communion son visage apparaissait transfiguré, comme en présence de Dieu.

Sur les murs du couvent de la "Madonna della Rocca", l'humble père avait écrit ces mots :

Dio mi vede ! *Dieu me voit !*

En effet, Padre Gioacchino, à certains instants solennels semblait vraiment en communion et en colloque avec le Seigneur.

Le père Vincenzo Sena de Canicattì, prédicateur Capucin, fut le confident et le premier biographe de Padre Gioacchino. Dans ses écrits, il a pu raconter certains épisodes de la vie de ce fils de Saint François d'Assise, toujours engagé dans sa recherche du respect, de la paix et de l'aide à autrui.

Le serviteur de Dieu avait, c'est certain, le don des miracles et de la prophétie.

Quant à la population, elle était animée d'une conviction profonde et certaine : la vie de l'Apôtre était surnaturelle.

• À Palma Montechiaro, pendant une prédication, des marins étaient venus prier Padre Gioacchino d'aller bénir leurs barques et la mer, car ils ne prenaient plus de poissons.

Cette bénédiction allait porter ses fruits car, le même jour, tous ces marins pêcheront une grande quantité de poissons. Comme cela s'était déjà produit à Targia, vers Syracuse, la pêche avait été là aussi miraculeuse.

En hommage, les pêcheurs envoyèrent deux barils de sardines au couvent de Canicattì.

Sainte Eucharistie à la "Madonna della Rocca"

• Toujours près de Palma Montechiaro, une violente tempête avait éclaté alors que de nombreux pêcheurs se trouvaient en mer. Craignant un naufrage, les familles étaient en pleurs. Padre Gioacchino, qui se rendait à une mission, fut imploré pour qu'il intercède auprès du Seigneur.

Après s'être agenouillé face à la mer, le père avait demandé à tout le monde de s'agenouiller aussi et de prier.

Tous les marins revinrent sains et saufs. Les éléments s'étaient calmés et le danger s'était éloigné.

Mais sa grande spiritualité et la lumière de Dieu lui faisaient entrevoir aussi l'avenir.

• Padre Gioacchino avait pris un jour dans ses bras un petit enfant de deux ans qui souffrait d'un grave malaise. Après l'avoir prodigieusement guéri, il l'avait rendu à sa mère en disant :

Soigne bien ton petit. Un jour il sera prêtre.

En effet Vincenzo Munna devenu Salésien sera ordonné prêtre et partira missionnaire en Inde où en 1938, il laissera la vie pour la foi.

• Un autre jour, Padre Gioacchino revenait de l'église de Saint Diego avec le prêtre Don Rosario Livatino lorsqu'il fut retenu par une petite fille de huit ans qui voulait lui embrasser la main.

Cette permission fut bien sûr accordée à la petite Maria Sacheli, très heureuse de recevoir en plus une gentille caresse du père Capucin.

La mère de la petite, s'étant aperçue de la présence du Saint homme, s'était approchée et lui avait dit :

Excellence, voyez comme elle est belle ma fille !... En souriant, Padre Gioacchino lui avait répondu :

Oui, elle est belle, mais pour le Paradis.

Le serviteur de Dieu savait déjà que la petite Maria devait quitter la terre à peine quinze jours plus tard.

Ce disciple de Jésus-Christ inspirait le plus grand respect. Dans la belle église de la "Madonna della Rocca" il passait des heures entières agenouillé, les bras en croix, le front à terre en marque d'humilité.

Celui qui a l'humilité a toutes les autres vertus.

Pendant la méditation, il restait insensible à tout, immobile, goûtant ce moment de Paradis.

Padre Gioacchino considérait la Madone comme le plus beau don que Dieu avait fait aux hommes et il l'invoquait avec une émouvante tendresse et une émotion indicible. Lors des fêtes de l'Immaculée et de l'Assomption, la joie le transportait car la Vierge était la flamme qui réchauffait son cœur. La véhémence et la force qui l'animaient montraient son amour vers la Mère de Jésus, "la Mamma nostra", notre Mère.

Été comme hiver, les fleurs ne manquaient jamais à la Madone et Padre Gioacchino lui-même venait orner le petit autel du chœur.

Alla Madonna non si fanno mancare i fiori.

À la Madone, on ne fait pas manquer de fleurs.

En l'honneur de la Vierge Marie, cette étoile qui éclairait son chemin, il jeûnait tous les samedis et se privait de fruits.

Avec assurance, il affirmait :

Les dévots de Marie ne vont pas en enfer.

Aussi, sans cesse, le serviteur de Dieu recommandait d'être dévot à la Vierge, chemin le plus sûr conduisant au Christ.

Mais le centre de sa piété était son amour pour la Sainte Eucharistie et lorsqu'il célébrait avec ferveur la Sainte Messe, il la faisait durer bien plus d'une heure tout en récitant l'office sans hâte.

Padre Gioacchino était contrarié justement lorsque d'autres prêtres accéléraient leur lecture et il leur disait alors :

Vous prenez bien tout votre temps pour manger, dormir ou vous divertir un peu. Alors, pourquoi être pressé lorsqu'il s'agit de réciter l'office, comme s'il s'agissait d'une chose ennuyeuse et non de louer Dieu pour sa miséricorde ?

Ou alors encore :

– *lorsqu'on mange, il faut avaler à temps pour ne pas s'étouffer ;*

– *lorsqu'on marche, on a soin de partir à temps pour ne pas tomber ;*

– *lorsqu'on célèbre la messe, les paroles ne doivent pas être englouties et les cérémonies pas déchirées.*

Pardonnez-moi, mon bon père ! Mais il faut se souvenir que celui qui précipite la messe se précipite dans l'enfer.

C'est bien sûr dans les prières que s'exprimait la foi vive de l'humble Capucin et lorsqu'il récitait son bréviaire c'était toujours dans un très grand recueillement. Il méditait constamment sur les douleurs de Jésus et prêchait sur la Passion du Fils de Dieu avec une telle intensité qu'il bouleversait jusqu'aux larmes ceux qui l'écoutaient.

Chaque vendredi, Padre Gioacchino avait l'habitude d'accomplir son chemin de croix.

Et, lorsqu'il n'était pas appelé par un fidèle ou pour un malade, on pouvait le trouver dans le chœur de sa chère église de la Madone de la Rocca en adoration ou agenouillé dévotement devant l'autel.

Dans le silence profond de son austère cellule, le soir, il pouvait donner un peu de repos à ses membres torturés et martyrisés par de longues heures de prières à genoux ou les bras en croix. Si les mortifications, les privations, les flagellations avaient déchiré son corps, son âme, elle, atteignait une sérénité parfaite dans l'amour divin.

Ce religieux à la vie surnaturelle dormait peu, presque toujours sur la terre nue ou sur une dure paillasse, habillé du froc franciscain.

Lorsqu'il se trouvait à Sommatino pour des prédications ou des messes, il allait chez son ami Don Nicolò Sammartino où il passait la nuit. Une chambre confortable lui était bien sûr préparée mais, le matin, on trouvait le lit intact, non défait.

Padre Gioacchino avait dormi par terre sur des sarments.

À Canicattì, au monastère, sur sa couchette aussi dure qu'un lit de pierres, il avait comme oreiller une souche de bois ou une tuile.

La nuit, il écrivait des vers empreints de gravité et d'émotion qui venaient se rajouter à ceux écrits au Brésil.

Il semblait entendre l'écho des voix célestes et son âme et son cœur leur répondaient alors par la poésie.

La foi, en lui si vive et son désir de martyr lui faisaient écrire :

Ô si j'avais, mon cher Seigneur !
La chance de donner ma vie
Pour ton amour, bonté infinie,
Je verserais le sang de mon cœur.

Cette grâce je l'espère, mon Dieu,
Déjà je suis prêt et j'attends le moment
De mourir dans un atroce tourment,
De mourir blessé avec Toi.

Lorsqu'il se levait le matin très tôt, il allait réciter "l'Offrande" et la "Litanie des Saints" dans le chœur de l'église, puis reprenait ensuite sa méditation, s'entretenant avec Dieu.

O bontà di Paradiso
O che mai vi avessi offiso,
Oggi e sempre sia lodato,
Maledetto il mio peccato.

Figlio dell'Eterno Padre,
Sposa dello Spirito Santo,
Madre del Verbo Eterno,
Liberatemi dall' Inferno.

Ensuite, à la sacristie, le serviteur de Dieu se préparait pour la Sainte Messe qui, le plus souvent, durait très longtemps, près de deux heures. Puis, lors de la Consécration, transparaissaient de son corps l'émotion et le trouble du Divin. Alors, totalement absorbé par Dieu, il était difficile de détacher l'humble père de cette douceur qui inondait son âme et le plongeait dans l'extase.

– Comment pouvait-il, cet homme, résister à ses prédications ininterrompues, sans manger, sans dormir, sans se reposer, courant d'église en église, consolant les affligés ou visitant les malades ?

– Comment pouvait-il, cet homme, se martyriser avec des cilices ou s'infliger de sévères flagellations publiques puisqu'il se considérait comme un grand pécheur indigne :

Un Cappuccino indegno e ignorante.

– Comment pouvait-il, cet homme, passer des nuits entières à confesser, confondant ses larmes à celles des repentis touchés par la grâce ?

Une telle vie de labeur, n'était-ce pas la vie d'un SAINT ?

Dans son manuscrit biographique, Padre Vincenzo Sena nous donne quelques détails de la vie quotidienne de Padre Gioacchino. L'été, lorsqu'il avait quelques instants de liberté, il arrosait les jeunes plants de palmiers, de pins, de cyprès et d'oliviers. Il employait aussi son temps à écrire ses poésies. *Mais, du premier instant où je l'ai connu (rappelle Padre Sena), je l'ai toujours vu des fleurs à la main. Il allait les ramasser pour les vases du petit autel de la Madone du chœur. Toute sa vie, il ne l'a jamais fait manquer de fleurs fraîches.*

Padre Gioacchino, à l'époque, devait sans doute cueillir ses fleurs dans le jardin ou dans la grande prairie au-dessus des terrasses du monastère, là où l'on s'était d'ailleurs promenés lors de nos séjours à Canicattì.

Actuellement, on peut voir dans la cour intérieure du monastère une petite statuette de Notre-Dame de Lourdes, nichée dans le mur de soutènement de la colline. Entourée de roses, de géraniums et d'hortensias, elle nous évoque aussi un autre lieu de pèlerinage.

Un Vendredi Saint, au calvaire de Canicattì, devait avoir lieu "la descente de croix" cérémonie particulièrement émouvante rappelant la tragédie divine.

Sur ce calvaire avait été cloué un Christ, en bois ou en plâtre, dont le réalisme poignant vous bouleversait jusqu'au plus profond de votre âme. Ses blessures, son corps martyrisé et ensanglanté, son visage ruisselant de larmes évoquaient déjà sa longue agonie.

Une foule innombrable s'était réunie et attendait avec impatience les paroles de Padre Gioacchino qui s'apprêtait à prêcher avant la solennelle descente de croix.

Sur les marches du calvaire, l'humble frère Capucin, les bras croisés sur la poitrine, regardait doucement vers la croix, vers Jésus crucifié par amour pour les pécheurs.

Il se rappelait sans doute l'une des dernières paroles du Christ :

Père, je remets mon esprit entre tes mains !

Alors, doucement, Padre Gioacchino s'était mis à pleurer... L'émotion était si vive que le peuple entier pleurait lui aussi, car seules les larmes pouvaient apaiser et offrir un soulagement à l'esprit abattu et à l'âme attristée. Lorsque le Christ mort fut descendu de sa croix, allongé et déposé dans l'urne vitrée, les plaintes s'intensifièrent et se prolongèrent pendant toute la fervente et longue procession.

Pieusement transporté dans les rues de la ville, ce Christ évoquait une réalité vieille de deux mille ans et pourtant le peuple ne parvenait pas à soutenir la terrible vision qu'offrait ce Jésus mort, couché dans son urne funéraire.

Cette "Passion du Christ", tous la revivaient avec une douleur immense, en se repentant sincèrement pour la grave faute commise.

D'ailleurs, pendant la Semaine Sainte, on pouvait rencontrer dans de nombreuses provinces et villes, des cortèges de gens pieds nus, portant une couronne d'épines et récitant des prières.

Ils pensaient peut-être encore aux paroles de paix de l'humble père :

Aimez-vous les uns les autres, aimez Dieu, à bas le blasphème, à bas l'offense de Dieu

et à ses sermons pathétiques qui réussissaient à redonner espoir aux âmes troublées.

Dans quelques jours, aux cris et aux lamentations évoquant le martyre du Christ, succèderont des chants dont l'écho s'élèvera dans les cieux pour célébrer les fêtes de Pâques et la résurrection de Jésus-Christ.

En Sicile, de nos jours, ces grandes processions religieuses se déroulent encore lors des fêtes traditionnelles, toujours aussi ferventes : fêtes de la Saint Joseph, fêtes de Pâques avec la descente de croix, fêtes du Crucifix et de l'Immaculée...

Tout au long de ces journées, des musiciens, des cavaliers sur des mules parées de riches ornements sillonneront les villes pour récolter des offrandes : argent, fèves, amandes ou sacs de froment dans les typiques chariots décorés.

Depuis l'époque de Padre Gioacchino, la campagne sicilienne, elle aussi, n'a pas beaucoup changé.

Eucalyptus, figuiers de Barbarie et oliviers centenaires dominent toujours champs et collines. Au détour d'un vallon, la silhouette frêle d'un vieux moine qui s'achemine péniblement nous ramène vers le passé, vers Padre Gioacchino lorsqu'il arpentait les campagnes de sa Sicile natale.

Toujours à pied "Sempre a piedi", une canne à la main, une petite besace sur l'épaule, comme un pèlerin il parcourait des immensités de collines arides peuplées seulement de bergers. Troupeaux et paysages caillouteux devaient parfois rappeler au serviteur de Dieu son séjour solitaire en Corse en 1865.

Traversant les champs de blés dorés ondulant sous le vent, contemplant les amandiers en fleurs, il marchait inlassablement, allant de ville en ville, pour régénérer la foi chrétienne. Ami de tous, ce religieux par excellence, ce vrai Capucin, savait convertir les âmes et réussissait à faire triompher la paix, lorsque régnait la discorde.

La grandeur de l'Apôtre, cet ange à la figure mystique, cette âme du juste qui sait la bonté de Dieu, conduisait sans contrainte les cœurs au respect et à l'obéissance.

En serviteur fidèle, l'humble père répondait toujours favorablement à l'appel du Seigneur et des prêtres d'autres villes qui l'invitaient à venir prêcher. Ses prédications, ses paroles simples, sa piété, son ingénuité savaient émouvoir et toucher les cœurs les plus endurcis.

Sa force était celle que lui donnait Dieu et la seule aide qu'il acceptait pour lui-même afin d'accomplir sa mission était celle venue des cieux. Tous admiraient sa rare religiosité et son humilité.

Lorsqu'on s'adressait à Padre Gioacchino pour obtenir des paroles de consolation, des grâces ou des miracles, il répondait avec prudence et modestie :

Per carità non sono io a fare le grazie...
È Dio misericordioso che le concede.
Par charité, ce n'est pas moi qui fais les grâces...
C'est Dieu miséricordieux qui les concède.

Lui, le pauvre père, se considérait toujours comme le plus vil et inutile instrument dont se servait Dieu pour réaliser des miracles. Pourtant, tous les témoignages s'accordent, sans l'ombre d'un doute, à le considérer Saint.

Voici une prophétie certifiée par le Père Agostino Gioia des Frères Mineurs à Cammarata, le 8 janvier 1912.

• Un après-midi d'août 1891, lui-même, le jeune Stefano Gioia (devenu Padre Agostino) accompagnait Padre Gioacchino chez une pauvre malade. Près de l'église sainte Barbara à Canicattì, ils avaient rencontré un groupe de séminaristes pleins de respect et d'enthousiasme envers le serviteur de Dieu.

Le jeune Gioia s'était exclamé :

Révérend, comme ils sont nombreux !...

Le temps me dure de les savoir prêtres pour enrichir notre cité.

Padre Gioacchino, avec simplicité, lui avait répondu :

Vois-tu, mon fils, ces séminaristes sont tous des princes dans leurs classes respectives et ils nous font tellement honneur !

Mais, sais-tu que parmi tous, il y a un vrai aigle ? C'est Trigona.

Je le regrette cependant, mais sa carrière durera peu de temps, trois ou quatre années de prêtrise.

Le père Andrea Trigona fut vraiment talentueux. Ordonné prêtre, lauréat docteur en sciences théologiques et philosophiques, il eut à Liverpool en Angleterre, honneurs et bonheur dans sa mission sacerdotale. Mais, la quatrième année de son sacerdoce, il fut appelé à meilleure vie.

Le nom de Padre Gioacchino ne se prononçait qu'avec vénération et estime. Nombreux étaient les malades à se tourner vers lui, afin de recevoir des faveurs extraordinaires de Dieu par l'intercession de l'humble Capucin.

Tous étaient attentifs à la façon dont Padre Gioacchino répondait à leur demande.

Lorsque dans cette réponse il employait le mot "speriamo" (espérons), alors la grâce se retenait comme allant être exaucée.

Si la parole "speriamo" n'était pas prononcée, alors on pensait et c'était sûr, que l'on n'obtiendrait pas ce que l'on avait demandé.

• Le prêtre Pasquale Seminatore assure qu'un jour il avait écrit à Padre Gioacchino afin qu'il prie pour une jeune épouse paralysée des jambes et qui ne pouvait même pas remuer dans le lit.

Lorsque ce prêtre reçut la consolante réponse, il s'empressa de la porter à l'intéressée qui pleura de joie.

Le même jour elle commença à bouger les jambes, le lendemain, à les mettre hors du lit et en quelques jours elle fut complètement guérie.

Cette jeune femme s'appelait Rosa d'Agostino.

Pleine de vie, elle a pu attester de sa guérison obtenue par la prière de Padre Gioacchino.

Non seulement il obtenait des guérisons et des conversions, mais il arrivait à restaurer la paix dans les familles et entre les individus.

• Selon Francesco Safonti, un riche homme de Canicattì avait été offensé par quelqu'un à son service. La violente dispute fut stoppée et résumée en ces terribles paroles :

Ma carabine ne le ratera pas ; même s'il s'est enfui, je saurai bien le dénicher.

L'offenseur, avant de s'éloigner du pays, avait recommandé à ses propres parents de chercher à réparer le mal fait. Tout fut inutile. Même les personnes les plus compétentes n'avaient qu'une sèche réponse négative à leurs efforts de réconciliation.

Finalement, la famille inspirée eut recours à Padre Gioacchino.

En un instant, en écoutant les paroles du serviteur de Dieu, le loup devint agneau. Non seulement il pardonna l'offenseur, mais dans ses confidences il admit ses torts.

Ainsi, la paix fut redonnée aux deux familles grâce au bon père.

Un autre fait étrange, totalement différent, mais réellement historique a été narré en son temps par un témoin l'avocat Girolamo Lo Bello de Naro.

• À l'époque des faits il était jeune mais s'en souvenait parfaitement.

C'était une période de famine. À Naro, le peuple révolté, en tumulte, s'était réuni sur la place avec des intentions belliqueuses et menaçantes. Militant dans des partis extrémistes, le jeune homme avait voulu cependant haranguer la foule afin de la calmer. Mais en s'approchant du podium sur les marches de l'église Saint Francesco, le capitaine connaissant ses précédents révolutionnaires l'avait mis en demeure. La foule continuait à s'agiter avec plus de violence. Padre Gioacchino qui se trouvait dans l'église s'était approché pour parler. Ses paroles pénétraient dans le cœur des gens comme un baume.

Enfin, il leur avait dit :

Allons à l'église prier et pleurer sur nos péchés. Le pain, le Seigneur doit le donner !

Comme par enchantement la foule s'était calmée et commençait à le suivre dans l'église ainsi que le militant révolutionnaire, ce qui était contraire à ses habitudes.

Ce témoin restera d'ailleurs convaincu que sans l'intervention de Padre Gioacchino les choses auraient sans nul doute dégénéré dans une effusion de sang. Et, un autre jour, la misère persistant, le brave père fit ouvrir les magasins de froment de Naro afin que tous les pauvres aient à manger.

À Sommatino, ville située à quinze kilomètres de Canicattì, eurent lieu également des événements d'une grande importance.

• Une croix du Rédempteur devait être inaugurée. Malheureusement, le permis demandé au délégué de sécurité publique Pietrocola fut refusé car cette demande aurait dû être formulée deux jours auparavant.

Une commission, avec le maire en tête, allait insister sans aucun succès. La foule qui suivait avait rencontré le père Gioacchino, promoteur de la croix et lui avait fait une ovation. Mais, alors que la manifestation revenait pour rejoindre la croix du Rédempteur, elle se trouva au débouché de la route face à une vingtaine de soldats, cinq carabiniers, six gardes, trois municipaux, trois champêtres, tous sous l'autorité du délégué.

Une pierre fut lancée, le drapeau national déchiré et sa hampe cassée. Commença alors une grêle de pierres, suivie d'une sonnerie de trompette.

Immédiatement, une fusillade éclata qui allait blesser quinze personnes, dont deux femmes. Ils reçurent les premiers soins à la pharmacie Russo et, chose incroyable et impensable, aucune personne ne fut tuée. Pourtant, la troupe de soldats avait tiré directement sur les gens.

Une nouvelle fois, le peuple était certain que Padre Gioacchino avait fait un autre miracle.

Présent sur les lieux du drame, il rassurait en disant :

N'ayez crainte, personne ne va mourir.

Nous connaissions d'ailleurs déjà (par la famille) l'histoire de ces faits passés à Sommatino. Mais, lors de nos voyages en Sicile, nous avons pu recueillir de nouveaux propos d'amis et cousins se souvenant, entre autres, de ces épisodes tragiques racontés par leurs parents.

Tous ces faits extraordinaires ne peuvent laisser indifférents car, avec Padre Gioacchino, on se trouve devant une floraison d'événements thaumaturges qui font surgir spontanément des interrogations.

Et d'ailleurs, s'il fallait raconter tous les faits exceptionnels survenus durant la vie de Padre Gioacchino, un grand volume ne serait pas suffisant. Ainsi, pendant vingt-cinq ans, il allait sillonner à pied la Sicile, même en étant très âgé, soulageant les malades et se pressant toujours dans l'accomplissement de son ministère apostolique.

Par la grâce de Dieu et le mystère qui l'entoure, Padre Gioacchino était toujours là, présent lorsqu'on avait besoin de lui, ou sur des lieux stratégiques, apparaissant alors comme un ange miraculeux.

• Un jour, un ouvrier qui avait été licencié de la mine était parti avec un autre compagnon afin de trouver du travail. Il y avait eu des pluies torrentielles et les flots du fleuve étaient en furie. Les hommes s'interrogeaient, ne sachant pas s'ils devaient traverser. C'est alors qu'ils avaient aperçu, sur la rive opposée, Padre Gioacchino qui les avait empêchés d'affronter ce péril. Pourtant, lui, allait traverser à leur grand étonnement. Arrivé près d'eux, le serviteur de Dieu leur avait dit :

Rentrez chez vous ; le travail est prêt et vous en trouverez l'invitation.

Mais déjà le moine avait disparu. Ils n'avaient pourtant détourné leur regard qu'un court instant, mais lorsqu'ils s'étaient retournés vers lui, le bon père n'était plus là.

Et, effectivement, à la maison une invitation au travail attendait réellement.

Visiblement, Padre Gioacchino devait recevoir des aides du ciel pour accomplir son apostolat. Dans l'énumération de ses miracles, du manuscrit de 1935 de Padre Sena, on peut lire :

Le fleuve était en crue et il exhortait les gens à passer derrière lui. Ils traverseront à pieds secs.

Ces deux faits prodigieux se ressemblent tout en étant totalement différents. En effet, Padre Gioacchino avait empêché un jour deux ouvriers d'affronter les eaux tumultueuses et une autre fois il avait par contre incité d'autres personnes à traverser le fleuve avec lui. Mais le point commun restait que tous, grâce à lui, avaient eu la vie sauve.

• Padre Gioacchino, bien que vénéré par la majeure partie de la population, avait cependant aussi ses détracteurs impénitents. C'était le cas d'un certain Salvatore Sancinito qui tenait un salon de "barbier", cours Garibaldi.

Cet homme éprouvait une véritable antipathie, on pourrait même dire une allergie, pour tout ce qui touchait l'Église. Il détestait la religion, les prêtres et donc, forcément, les Capucins.

Aussi, voyant un jour passer Padre Gioacchino devant son salon, il avait été pris d'un accès de fureur et s'était précipité dehors, le revolver à la main, prêt à tirer sur le pauvre père.

Mais, puisque Dieu existe, le barbier avait à peine fait trois pas qu'il était tombé par terre, totalement paralysé.

Au milieu de l'attroupement qui s'en était suivi, Padre Gioacchino s'était avancé, avait relevé l'agresseur et lui avait tout simplement dit :

Allez, allez, que le Seigneur vous bénisse.

Pour commettre une agression, certaines personnes se servent d'une arme. C'était le cas de ce barbier.

Mais la parole ou les gestes pouvaient être tout aussi blessants.

• Padre Gioacchino était arrivé un jour à Campobello de Licata suivi comme souvent par de nombreuses personnes enthousiastes. Le cortège était parvenu jusque devant la porte d'un cordonnier.

Celui-ci était énervé de voir que l'on manifestait autant d'intérêt pour un moine Capucin qui, après tout, n'était pas le Père Éternel.

Le cordonnier, joignant alors le geste à la parole, avait été très grossier et inconvenant à l'égard du père.

Punition immédiate sans doute, le cordonnier avait été pris d'un malaise subit et s'était évanoui.

Padre Gioacchino lui avait alors tapoté la joue pour lui faire reprendre ses esprits, lui disant en sicilien :

Asinazzu, nun l'ha fari cchiù ! Béta, il ne faut plus le faire !

Regrettant sans doute sa vilénie et d'avoir tourné en dérision le pauvre père, le cordonnier s'était mis à pleurer en lui demandant pardon. Désormais, il allait montrer du respect à tous les pères Capucins.

4. Pardon et amour de Marie

Pardon et amour de Marie...

La simplicité de ces mots a pourtant une singulière signification et une importance sans doute insoupçonnée par le lecteur.

En effet, à elles seules, ces paroles ont un lien indissociable entre la vie de Padre Gioacchino La Lomia de Canicattì et la vie de notre très cher Saint-Père le Pape Jean-Paul II à Rome.

Le Pardon :

Durant sa vie, Padre Gioacchino avait été souvent blessé, menacé, persécuté...

L'humble père avait dû supporter les blessures physiques et morales de la guerre d'Amérique du Sud. Dans les forêts vierges du Brésil, les féroces indigènes l'avaient souvent menacé. Les persécutions de la franc-maçonnerie s'étaient poursuivies jusqu'en Sicile.

Mais, Padre Gioacchino pardonnait à tous les pécheurs et même après avoir été menacé d'un revolver (comme cela a été narré précédemment), il demandait encore au Seigneur de bénir son agresseur.

Alors, comment ne pas penser immédiatement à sa Sainteté le Pape Jean-Paul II lorsque le "pardon" est évoqué.

Le monde entier a en mémoire le terrible attentat dont le Saint-Père a été victime le 13 mai 1981 à Rome, pendant qu'il offrait sa Bénédiction à la foule de fidèles venus l'acclamer.

Seul un miracle avait permis au Saint-Père de survivre à ses très graves blessures.

Pourtant, Jean-Paul II avait su pardonner à son agresseur en allant le rencontrer en prison, montrant ainsi sa grandeur d'âme.

Une fois encore la parole de Jésus se vérifiait :

Qui s'humilie sera élevé.

Chi si umilia sarà esaltato.

En homme au service de Dieu, dans le secret de la confession, le Saint-Père avait dû se charger de tous les péchés de cet homme, auteur des coups de feu.

Cependant, les souffrances du Saint-Père avaient dû être autant morales que physiques. Comment cet homme, ce Turc, avait-il pu s'en prendre à sa Vénérable et Sainte Personne, Lui, l'homme de paix, le symbole de l'Église, et le représentant spirituel de Dieu ?...

Cette blessure, au plus profond de son cœur, devait être encore plus douloureuse.

L'amour de Marie :

Dans son monastère de Canicattì en Sicile, Padre Gioacchino vivait sous le regard maternel et protecteur de "la Madonna della Rocca".

Tous les jours, il fleurissait l'autel de la Vierge et l'on sait combien l'humble père était dévot à Marie, Mère de Jésus, pour laquelle il avait composé ses plus belles poésies.

Salve, salve Regina potente,
Dolce speme, succorso dei figli ;
Tu ci scampi da tanti perigli,
Tu ci porgi la mano dal ciel...

Cette "Mamma nostra", cette Mère du ciel comme il l'appelait si bien, était l'âme de sa vie, et pour elle il avait un amour qui lui attendrissait le cœur.

Aussi, une nouvelle fois, notre pensée se tourne vers sa Sainteté le Pape Jean-Paul II.

L'attentat qui avait failli coûter la vie au Saint-Père s'était produit un 13 mai, jour anniversaire de la première apparition de la Vierge à Fatima (près de Lisbonne), au Portugal en 1917.

Sans l'aide divine, ce jour de fête avait failli se transformer en un jour de larmes de sang.

Alors qu'il était transporté de toute urgence vers un établissement hospitalier (où il sera opéré plus tard), le Saint-Père à demi conscient devait certainement évoquer la Sainte Vierge dans ses prières.

Ce 13 mai 1981, la Vierge avait sans doute protégé le Saint-Père.

Un siècle plus tôt, Padre Gioacchino disait dans sa poésie que la Vierge secourait ses enfants et les sauvait de tous périls en leur tendant la main du ciel.

Dieu et la Vierge Marie avaient bien laissé descendre du ciel, sur le Saint-Père, une grâce, un "fioretto ", afin qu'il continue son œuvre de paix, de charité chrétienne et son Saint Apostolat.

Après son rétablissement, le Souverain Pontife se rendra à Fatima au Portugal, en pèlerinage, pour remercier Dieu et la Vierge.

À l'amour que portait Padre Gioacchino à la Vierge, il faut rajouter un autre sentiment : le respect, et en particulier le grand respect qu'il avait pour sa Sainteté le Pape, les Évêques, l'Église.

La vie du père Capucin s'était d'ailleurs déroulée sous quatre souverains pontifes :

Grégoire XVI (1831-1846), Pie IX (1846-1878), Léon XIII (1878-1903), Saint Pie X (1903-1914).

Et pour eux tous, et même depuis Saint-Pierre qui fut le premier Pape, il avait une très grande affection et un profond attachement.

Padre Vincenzo Sena, le père “Guardiano”, son ami et Supérieur du couvent de “la Madonna della Rocca”, a écrit dans son manuscrit de 1935 :

La dévotion que Padre Gioacchino avait pour le Pape était comme à Jésus-Christ lui-même. En effet, il était prêt à donner sa vie pour le Saint-Père et pour l'Église. Et, comme preuve d'affection et d'estime il écrivait des poésies sur le Pape, comme jadis l'avait fait son père Don Nicolò.

Tout au long de ces pages, on a pu se rendre compte combien Padre Gioacchino et sa famille étaient tournés vers le Seigneur et le ciel. Sa sœur Concetta, qui comme lui était entrée en religion, a servi Dieu toute sa vie. Au couvent, dans le collège de Marie, elle s'occupait de petites filles et jeunes filles orphelines. Elle les aimait et les éduquait dans la loi de Dieu.

À sa mort, Padre Gioacchino avait éprouvé une très grande douleur et lui avait dédié une très belle et longue poésie :

“A mia Sorella” (À ma sœur)

Comme un ange de Dieu,
Etait pure ma sœur.
C'était encore l'humble servante
Bien aimée du Seigneur.

Je te salue, ma chère sœur
Cher gage d'amour divin,
Il te salue l'affligé Gioacchino,
Ton frère, ton clou d'amour.

Ô ma sœur, pourquoi m'as-tu laissé,
Fais que vite je vienne te trouver
Ô ma sœur, ici-bas qu'ai-je à faire,
Fais que vite m'appelle le Seigneur.

Plus, je ne peux rester loin de toi,
Ma vie est un martyre, une mort,
Fais que vite j'arrive aux portes
De la belle céleste maison.

Tu as mérité l'éternelle récompense,
Ton époux t'a donné la couronne,
Fais, ma chère, que Dieu me pardonne.
Fais que je trouve pitié et grâce.

Héroïne chérie de Dieu,
Chère épouse du Dieu Rédempteur,
Pour moi prie et par grande faveur
Fais que Dieu me donne son amour.

... Tu le sais que je vis malheureux,
Tu m'as donné réconfort et courage,
Prie Dieu que dans le bref voyage
Je ne me perde pas dans le rude chemin.

... Je me trouve dans une mer d'amertume
Loin de toi je ne trouve plus de bonheur,
Je n'ai pas de paix même pas un moment,
Il n'y a pas de joie qui soulage mon cœur.

... De l'Éternel tu es bien aimée.
Toi dans le ciel te promènes festoyante
Parfumée comme une rose vivifiante
Du jardin où est éternelle chaque fleur.

... Elle est morte, elle est morte, la mère
De l'orpheline affligée.
Elle fut miséricordieuse et prévoyante
Et à chaque abandonnée
Secours elle donnait à chaque instant.

Pleurez, ô pauvrettes,
Parce que vous avez perdu maintenant
Votre protectrice
Qui vous animait encore
À garder l'honneur.

... Allons, ne pleurez plus,
Changez vos pleurs en rire,
Elle n'est pas parmi vous la mère
Mais elle règne dans le Paradis
Dans les bras de son Seigneur.

Par cette poésie, dans ces quelques extraits, on voit combien Padre Gioacchino avait d'amour, de regrets et d'estime pour sa défunte sœur et pour son œuvre de miséricorde.

Il n'est donc pas vain de répéter que cette famille La Lomia était vraiment : *une couvée de saints.*

– Don Nicolò, le père, était mort beaucoup trop jeune ; mais il avait été un ardent défenseur des faibles, toujours généreux et secourable avec tous.

– Donna Eleonora, la mère, cette "sainte et singulière femme", était morte pauvre pour les pauvres.

– Emanuele "dit le bon", jeune frère mort, à vingt-neuf ans, avait été connu pour son exceptionnelle bonté.

– Concetta donc, sœur morte âgée en 1890, entrée très tôt en religion et qui allait se consacrer à Dieu et à un orphelinat.

– Leur proche famille aussi qui comptait d'illustres personnalités dignes de mérite par leur aide et leur soutien aux gens défavorisés.

– Et Padre Gioacchino bien sûr qui, lui, s'était voué corps et âme à Dieu et à ses frères pécheurs dans un grand et sublime élan d'amour.

D'ailleurs, près du couvent, selon une tradition des frères Capucins remontant à plusieurs siècles, avait été instituée la cuisine pour les pauvres. Lorsque le père Giacomo Cusmano[1] avait fondé à Canicattì l'orphelinat féminin et l'hospice pour les anciens dans le cadre de "la bouchée du pauvre", Padre Gioacchino avait été parmi les premiers à l'aider. Du reste, le couvent de la "Madonna della Rocca" était déjà l'hospice pour les malades, les pauvres et les pécheurs. On voit donc que Padre Gioacchino cherchait toujours à soulager les autres, même hors de Canicattì, avec simplicité et spontanéité.

1) Le père Giacomo Cusmano (1834-1888) a été béatifié le 30 octobre 1983. Dans la cathédrale de Palerme se trouve un grand tableau le représentant distribuant le pain aux pauvres.

CHAPITRE VIII

Les vertus de Padre Gioacchino

1. Vertus – 2. Prophéties

1. Vertus

Revenant d'une mission à Pietraperzia il s'était présenté au Supérieur avec une douzaine de bâtons en disant :

Père, Père, regardez ce qu'a fait Saint Francesco. Il a guéri beaucoup de boiteux, autant qu'il y a de bâtons !

Une fois de plus, sa vertu religieuse et son humilité l'empêchaient de reconnaître ses propres actions, d'en éprouver la moindre fierté, ou d'en accepter des remerciements.

L'amour du sacrifice devait l'accompagner tout au long de sa vie. Après le sacrifice de sa noblesse, de ses richesses, de son avenir d'illustre héritier, ce noble Baron devenu Père Franciscain avait fait le don de lui-même à Dieu et son prochain.

– Lorsqu'il martyrisait son pauvre corps en portant des cilices ou une couronne d'épines sur la tête, c'était pour ne jamais oublier les souffrances de Jésus-Christ.

L'enfer est plein de ceux qui n'ont pas voulu porter la croix.

– Lorsqu'il se flagellait publiquement avec des chaînes, c'était pour expier les fautes de ses frères pécheurs et leur offrir une chance de pardon.

Et que servirait-il à un homme de gagner tout le monde, s'il perdait son âme ?[1]

---

1) Mt 16 : 26

– Lorsqu'il se privait de nourriture jusqu'à menacer sa santé, c'était pour donner à manger aux pauvres ou pour honorer la Sainte Vierge.

– Lorsqu'il restait des heures à genoux les bras en croix, c'était parce qu'il s'offrait à la miséricorde de Dieu.

Cette abnégation, ces sacrifices auraient pu se résumer par la seule phrase :

Les péchés du monde, ô Seigneur, je me les prends moi !

Ces simples paroles, souvent prononcées par Padre Gioacchino, étaient devenues "supplique" car l'offense à Dieu était si grande... Mais cet ascète avait un tel amour pour son prochain qu'il expiait leurs fautes dans la pénitence et le renoncement, jusqu'à devenir cruel pour lui-même, jusqu'au martyre.

Les Saints craignent toujours de n'avoir rien fait pour Dieu, d'être indignes et se consument ainsi dans les pénitences.

Lorsque Padre Gioacchino ne pouvait accomplir son "chemin de croix", le vendredi à l'heure des "complies", il le faisait le soir à la lueur d'une maigre chandelle, mettant beaucoup de temps pour lire son livret, les yeux et le corps fatigués par le manque de sommeil et les privations.

Son livret du chemin de croix, lui aussi était usé et les gouttelettes de cire, en tombant de sa bougie, l'avaient rendu presque illisible.

Pour repas, Padre Gioacchino se contentait d'un plat de fèves, d'un bouillon de choux, d'eau pure et redonnait aux nombreux pauvres qui venaient le trouver au monastère argent et dons reçus.

En bon fils de Saint François d'Assise il disait :

Nous ne devons rien avoir en propre, mais tout en commun.

Aussi, lorsqu'il se privait de sa "minestra" ou de sa modeste nourriture en faveur d'un miséreux, il se faisait réprimander par ses Supérieurs inquiets de constater sa mauvaise santé, d'autant plus qu'il jeûnait déjà tous les vendredis.

Par obéissance, il s'abstenait alors pendant quelque temps de distribuer aux pauvres sa part de repas ; puis, dès que sa santé s'améliorait un peu, il recommençait ses actes de partage.

Au couvent de la "Madonna della Rocca", Padre Gioacchino faisait distribuer tous les jours l'aumône pour les personnes sans ressources.

L'un de ces malheureux, Alerio, avait l'habitude, depuis cinq ou six ans, de venir sonner la cloche de la porte de l'église pour quêter de quoi manger. Dès qu'un frère ouvrait la porte, il entrait, s'asseyait sur une marche car il ne voulait pas de chaise et s'empressait d'apprécier ce que les pères avaient préparé.

Entre deux bouchées, on pouvait l'entendre s'exclamer :

Dieu, comme elles sont bonnes ces pâtes !...

Chez les Pères Capucins à cette époque aucun gaspillage n'était toléré. Tous les restes et même le moindre morceau de pain étaient donnés aux nécessiteux qui, bien souvent, se pressaient nombreux devant le couvent.

À ce propos, dans son manuscrit de 1930, Padre Vincenzo Sena évoque une journée de misère où plus de cent pauvres attendaient devant le monastère en manifestant leur impatience, afin de recevoir comme à l'accoutumée "leur pain quotidien".

Mais, ce jour-là, il n'y avait pratiquement rien pour eux. Comment contenter autant de gens miséreux avec si peu de restes !... Ce n'était même pas la peine de descendre à leur rencontre pour leur ouvrir les portes.

Pourtant, devant leur mécontentement, Padre Gioacchino avait pris le reste de pain et l'avait minutieusement partagé en de toutes petites bouchées, qu'il avait distribuées à tous.

Et, comme par miracle, après avoir reçu chacun son précieux petit morceau de pain, ils étaient tous repartis en silence.

Padre Sena, le Gardien du couvent, avait alors pensé que ces bouchées de pain dérisoires avaient dû grossir dans les mains de Padre Gioacchino et dans les leurs, puisque tous les pauvres malheureux avaient été rassasiés pour toute la journée.

Cela nous fait bien sûr penser à la multiplication des pains par le Christ.[1]

Après avoir rompu les cinq pains qui restaient, le Christ les avait donnés à ses Disciples pour qu'ils les distribuent à la foule. Il avait partagé également les deux poissons entre tous. Tous avaient mangé et avaient été rassasiés. Ils étaient cinq mille hommes.

L'une des vertus de Padre Gioacchino était donc de donner et de partager toujours avec les nécessiteux. Sa charité envers eux, constante jusqu'à sa mort, se manifestait à chaque instant.

Le petit frère des pauvres était un bon berger comme Jésus, veillant sur "son troupeau" avec une grande sollicitude, cherchant toujours à les soulager et à leur venir en aide.

• Un jour, un photographe sourd-muet du nom de Giovanni Cordova qui habitait à Castelvetrano se trouvait à Pietraperzia. Ayant appris que beaucoup de gens se rendaient à Canicattì pour rencontrer Padre Gioacchino et obtenir des grâces, il décida donc de s'y rendre lui aussi.

Arrivé à Canicattì, parmi la grande affluence de fidèles, il s'était mis à penser que le Saint homme pourrait peut-être lui rendre la parole. En effet, s'il pouvait parler, il aurait moins de difficultés à exercer son métier et ainsi il gagnerait un peu d'argent pour les siens.

Mais Padre Gioacchino allait lui offrir un tout autre destin.

L'ayant rencontré et voyant son appareil photographique le bon Père lui avait dit : *Fais la photo à cet "ours" et le pain ne te manquera pas.*

---

1) Mc 6 : 41-42.

Le photographe était satisfait ; Padre Gioacchino se laissait photographier. Avec l'intuition que la Providence allait l'aider, le sourd-muet prit de nombreuses poses et clichés du père Gioacchino La Lomia : debout, en prière, devant la croix...

Désormais, la vente des portraits de Padre Gioacchino allait pour longtemps donner du pain à la nombreuse famille de cet homme. Au lieu de lui rendre la parole, l'humble père avait permis à ce photographe de sortir de la famine, en gagnant son pain par son travail.

Une fois de plus, la charité du père Capucin, son extrême tendresse pour les faibles et les pauvres, sa miséricorde, sa compassion, son cœur riche de lumière envers tous, le faisaient estimer et vénérer bien au-delà d'ailleurs de sa Sicile natale.

Véritable "rassembleur", il entraînait les foules et invitait chacun à se mettre en contact avec Dieu. Aussi, avant de commencer ses divines prédications, toujours accompagnées de la discipline de fer en public, il entonnait un "Alleluia" ou tout autre chant émouvant.

Mais, que disait donc Padre Gioacchino dans ses prédications, pour secouer ainsi le cœur des hommes ?

Voici un extrait des écrits du serviteur de Dieu (prédications volume 1, partie n° 6) (suite).

"La mort du pécheur".

Que ne fait pas un "salutista" pour protéger sa propre santé ?

Il reste dans sa maison comme un prisonnier tous les jours de froid, d'humidité, ou de trop grande chaleur.

Il se prive de manger à satiété ou même de goûter la moindre chose qu'il suspecte d'être nocive.

Or, après que cette "plante" a été cultivée avec tant de précautions, survient un tourbillon qui l'abat, la déracine, la dessèche...

Que dis-je ? La dessèche... La fait plutôt pourrir, la rendant ainsi dégoûtante, répugnante même à celui qui l'appréciait.

Que se passe-t-il donc ensuite ?

Découvrons un tombeau et voyons ce qu'il reste du faste mondain, de toutes les richesses, de tous les plaisirs de la vie.

Où sont les meubles brillants, les miroirs, les ornements, les tapis, la "chambre large" ?

Je ne vois qu'une pauvre niche, fétide et puante, fermée par une grosse pierre qui rappelle le nom du défunt, les titres, les décorations, la servitude, le commandement impérieux, l'obéissance prompte.

Où est tout cela ?... De tout ce qu'il avait, il ne reste que le seul sépulcre.

Et les divertissements, la vie de société, les théâtres, la maison, les villas, les fiefs,

Où sont-ils ?

Il ne reste que le tombeau.

Ainsi, par ce sermon, Padre Gioacchino expliquait comme l'Ecclésiaste que : "tout est vanité".

Pourtant, l'espoir demeure : celui de la résurrection et de la vie éternelle.

Cela nous évoque d'ailleurs le discours de Padre Michele de San Cataldo qui avait tant impressionné le jeune Gaetano, et conforté dans sa décision de devenir Capucin. " Dieu seul est éternel ".

Aussi, les gens s'approchaient de Dieu et Padre Gioacchino les invitait à se convertir.

Et, lorsque des malades venus parfois de lointains pays voulaient le rencontrer, il leur demandait d'abord d'écouter sa messe, ses homélies, en précisant :

En premier je dois servir Dieu, ensuite mon prochain.

Mais cet infatigable prédicateur pouvait aussi avoir des paroles de feu contre les oppresseurs du peuple et contre tous les profiteurs de la misère humaine, n'hésitant pas à employer le mot "assassins" en parlant d'eux.

Ce religieux était bien sûr l'ennemi de la calomnie et de la médisance.

Voici quelques extraits de sa poésie :

La médisance

Qui médit n'aime pas le Seigneur
N'est pas digne d'être partisan du Christ.
Qui médit allume la torche
De discorde, tristesse et haine.

... Jour et nuit c'est une cisaille aiguisée
Qui, coupant, divise les amis,
Médisant, il dit de tous du mal
N'est pas exempt son propre frère.

... Sa langue, plus aiguisée qu'une lame
À deux tranchants, fait un carnage cruel
C'est un tyran funeste et infidèle
C'est un satan et peut-être plus.

C'est un satan, je le répète et le maintiens
Cet insensé est un fatal sujet
Qui, vers l'infamie reste toujours dirigé
Et trouble ainsi la paix du cœur.

C'est un infâme un tel sujet,
Qui n'est pas digne de rester dans le monde
Mais dans le sombre abîme profond
Avec les damnés, pour l'éternité, à peiner.

... Qui médit, certainement ne voit pas
De l'Éternel son beau visage.
Qui médit, là-haut dans le Paradis
N'a pas sa place et n'a pas droit d'entrer.

... Ô mes chers frères amoureux
Habituez vous à peu parler
Pour ne jamais, jamais plus médire
Et faire le bien à qui vous a rendu du mal.

Par cette poésie, Padre Gioacchino essayait de nous faire comprendre combien la calomnie, la médisance, la diffamation ou le mensonge pouvaient avoir des effets dévastateurs en brisant les êtres et leurs familles, en détruisant la paix de leur cœur et de leur vie.

– Combien de prisonniers ont été condamnés injustement à la prison ou ont perdu honneur et vie en raison de dépositions mensongères ou calomnieuses ?...

– Combien de femmes, d'enfants, de familles se sont trouvés séparés, humiliés par l'absence de l'innocent condamné et privés de leur soutien moral et physique et de leur amour ?...

– Combien de juges ou de jurés se sont laissés convaincre par l'infamie d'habiles complots ?...

– Combien de peuples, combien de soldats et de résistants ont été déportés, torturés, massacrés ou livrés à leurs bourreaux pendant les guerres, après avoir été dénoncés ?...

À ces êtres désespérés, il ne restait alors que la puissance de la prière ; Dieu étant leur unique espérance.

Priez pour ceux qui vous maltraitent et qui vous persécutent[1].

1) Mt 5 : 44

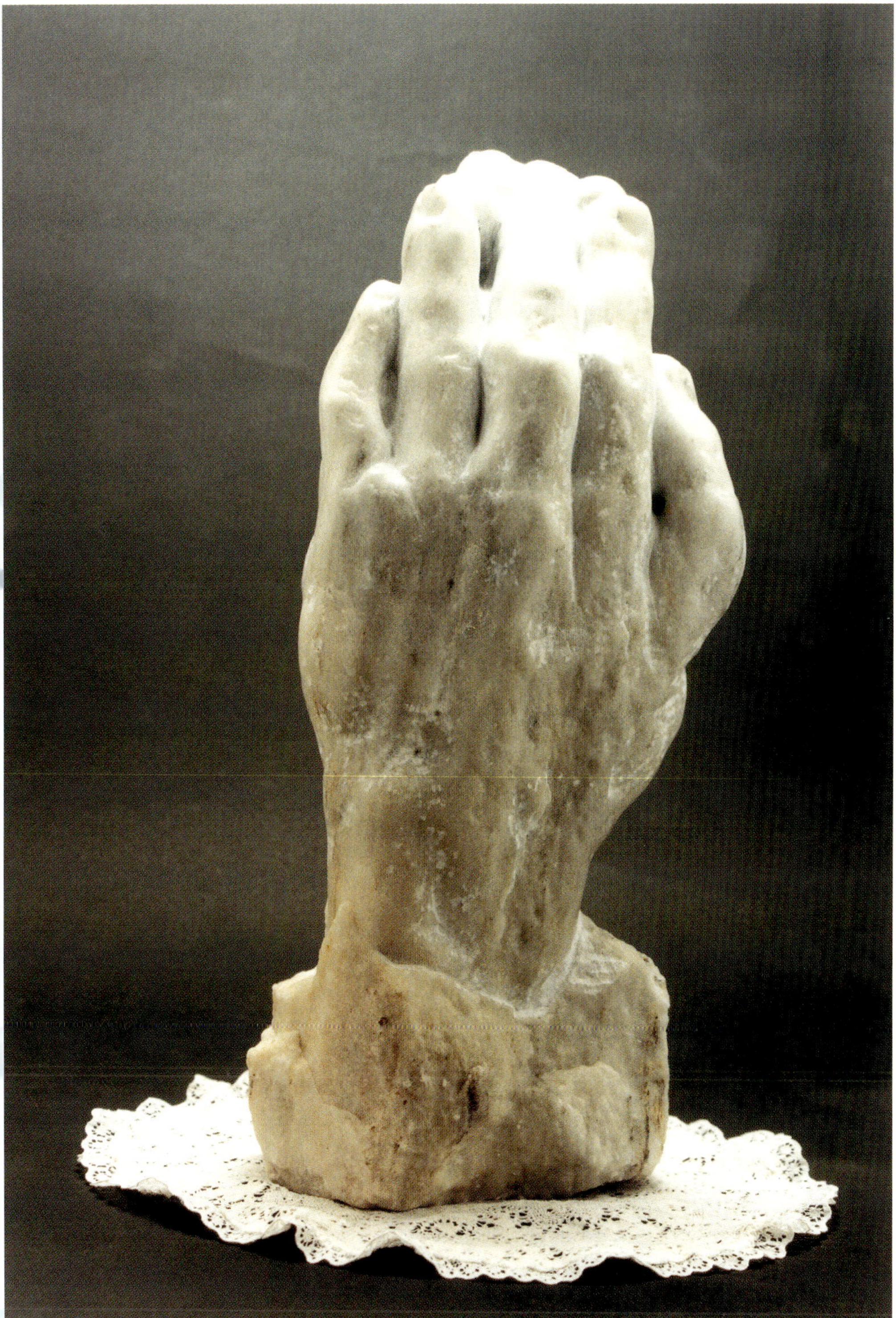

Prière

Mais, c'est pourtant dans l'adversité et la souffrance que les plus grandes œuvres poétiques, musicales et artistiques se sont réalisées, car "l'homme à terre" où à genoux s'élève et sa force morale atteint des sommets qu'un homme armé n'aura jamais.

Aussi, l'être bon, épris de justice et de paix, fidèle à ses principes d'honnêteté devient vite une source de gêne, de jalousie, de malveillance et aussi d'hostilité et de haine.

Cible facile, ses ennemis cherchent alors par tous les moyens à l'atteindre, à l'évincer ou à le détruire, avides de pouvoir et de domination ou pour s'accaparer ses biens.

Padre Gioacchino lui-même n'avait-il pas ainsi sauvé des existences menacées ?...

Dans son manuscrit de 1935, conservé dans les archives de la Vice Postulation des frères Capucins de Canicattì, Padre Vincenzo Sena avait noté dans une simple énumération de grâces miraculeuses obtenues par l'intercession du serviteur de Dieu :

Un condamné à la chaise électrique avait crié : Padre Gioacchino !...

Tout de suite, il fut acquitté et remis en liberté.

Un autre fut libéré du bagne.

Alors, aux gens éprouvés par la discorde, opprimés ou accablés, Padre Gioacchino apportait son précieux conseil :

Aime qui te méprise.

Ces valeurs de l'esprit, toujours présentes en lui, l'humble père essayait de les transmettre afin d'apaiser les cœurs, et de leur apporter la vraie lumière.

Ses paroles étaient toujours tournées vers la Sainte Vierge et la Passion du Christ et cette vocation à l'état religieux, son amour sans faille pour son prochain, ses interventions miraculeuses étaient, bien sûr, des dons du Seigneur.

Parmi les innombrables témoins et personnes ayant reçu des grâces de Padre Gioacchino, figure pour les procès la déposition de Caterina Sanfilippo.

• Cette femme était depuis deux ans immobilisée sur une chaise, sans pouvoir se lever de la journée, sans pouvoir faire son ménage ou s'occuper de sa famille.

Sa jambe semblait irrémédiablement perdue. Les médecins consultés avaient tout simplement conseillé l'amputation, en raison de l'infection et de la menace de gangrène.

Cependant, Caterina préférait mourir plutôt que se faire couper la jambe et ce choix lui appartenait.

Or, quelqu'un lui suggéra un jour :

Pourquoi ne pas aller jusqu'à Canicattì ? Il y a Padre Gioacchino et on ne sait jamais...

Ce conseil fut rapidement suivi, d'autant plus que Palma de Montechiaro n'était pas très loin de Canicattì. Accompagnée par sa belle-mère, elle s'était présentée de bonne heure à l'église de la "Madonna della Rocca", pour assister à la messe et prier avec ferveur et grande foi.

La messe terminée, elle avait entendu ce Père l'appeler par son nom alors qu'elle ne l'avait jamais vu auparavant.

Dans la sacristie, Padre Gioacchino l'avait questionnée sur son état de santé, ainsi que sur les médecins consultés. Elle avait répondu : " tous m'ont condamnée ".

Puis, il lui avait dit :

Ma fille, pars en paix, Dieu te bénit.

Comme libérée de chaînes la tenant prisonnière, cette femme s'était sentie immédiatement guérie.

Aux procès, il résulte de sa déposition qu'elle est rentrée chez elle "avec ses propres jambes", criant au miracle.

Parfois, la Providence divine choisit "un élu de Dieu", pour que s'accomplisse la volonté céleste. Pourtant, Padre Gioacchino loin d'éprouver le moindre orgueil continuait, dans sa très chère église, à louer Dieu.

Du désir d'être estimé et loué ; délivrez-moi, ô Seigneur
Du désir d'être recherché et honoré ; délivrez-moi, ô Seigneur
Du désir d'être préféré, consolé, approuvé ; délivrez-moi, ô Seigneur
De la peur d'être humilié ; délivrez-moi, ô Seigneur.
De la peur d'être méprisé, réprouvé, calomnié, persécuté ; délivrez-moi, ô Seigneur.
Ô Marie, Mère des humbles, priez pour moi qui suis ignorant et fier.

Padre Gioacchino, un jour, descendait tout doucement des hauteurs du couvent pour se rendre à l'église Saint Diego, tout en bas de la ville sur la grande place centrale. Appuyé sur sa canne, il marchait lentement le long des étroites ruelles aux pavés glissants.

Lors de l'un de nos séjours à Canicattì en 1998, chaque jour nous empruntions ces mêmes petites rues pittoresques aux nombreuses échoppes et boutiques où l'on voyait cuire le pain ou travailler le cordonnier.

Parfois aussi, au détour d'une ruelle, on pouvait encore rencontrer une mule avec son volumineux chargement de paille, vestige d'une époque révolue. Dans ces vieux quartiers, au fil des siècles, certaines maisons s'étaient délabrées et restaient abandonnées, trop coûteuses à restaurer. Elles gardaient cependant le "cachet" des temps anciens avec leurs pierres de taille et leurs grands balcons en fer forgé. À côté d'habitations modestes, des maisons bourgeoises restaient toujours imposantes, véritables palais ayant peut-être appartenu à la famille La Lomia.

Toujours pendant notre séjour à Canicattì, une procession s'était déroulée un soir depuis l'église Madre, en l'honneur de la Vierge Marie. Au pied du grand escalier, notre pensée émue s'était portée vers Padre Gioacchino dont le Baptême avait été célébré en 1831, dans cette même église.

Mais revenons à notre histoire :

Alors que Padre Gioacchino cheminait à pas lents, fatigué, le chapelet à la main, deux hommes s'étaient approchés de lui en souriant, essoufflés par la pénible montée.

Ils lui avaient demandé si Padre Gioacchino se trouvait bien au couvent, sans doute pour lui demander des grâces.

Apparemment, pour lui poser une telle question, ils ne devaient pas le connaître.

Le père leur avait répondu :

Que lui voulez-vous à cet homme vil, hypocrite et méchant ?

En entendant ces paroles, les deux hommes, comme touchés personnellement par cette insulte, avaient été pris de colère et de fureur contre ce frère qui osait parler mal de "leur Padre Gioacchino", encore inconnu pour eux. Ils voulaient le battre et c'est seulement grâce à des voisines, alertées par les cris, que "le mal entendu" fut éclairci.

On peut imaginer la stupeur et la honte de ces deux hommes en apprenant que le Saint homme dont ils avaient entendu parler et qu'ils souhaitaient tant rencontrer, était en fait l'homme qui se trouvait devant eux et qu'ils s'apprêtaient à maltraiter.

Le nom de Padre Gioacchino et sa renommée s'étaient bien sûr propagés, dépassant les frontières des villes de Sicile. Ses actions bénéfiques et miraculeuses étaient partout reconnues. D'ailleurs, même actuellement, on peut remarquer au bord des routes ou dans les villages, de petites chapelles en son honneur, surmontées d'une croix.

À Sommatino, se trouve une petite chapelle, toujours fleurie, érigée en l'honneur de l'humble Père Capucin : "La cruci di Patri Jachinu".

L'Archevêque de Messine, le Cardinal Guarino, écrivant à l'Archiprêtre de Canicattì lui disait :

Je connais le père Gioacchino depuis le noviciat à Girgenti. Je l'ai très bien étudié et je ne doute pas qu'en lui il y ait la simplicité de Saint Félice de Cantalice, la pureté de Saint François d'Assise, l'innocence de Saint Luigi.

Tout au long de sa vie, Padre Gioacchino a échangé une importante correspondance avec sa famille. Que ce soit pendant son noviciat, pendant son séjour en Corse, son apostolat de missionnaire au Brésil, ou son retour en Sicile...

On retrouve des lettres écrites à sa mère, à sa marraine, à sa sœur Teresa et son mari Don Pietro Testasecca.

Padre Gioacchino a eu une correspondance continue et assidue avec Don Pietro. En premier lieu parce qu'il était son beau-frère et qu'il avait une grande estime pour lui. Ensuite, parce qu'étant avocat et un des meilleurs jurisconsultes de Canicattì, il pouvait comprendre avec intelligence tous les propos, les énormes soucis et les états d'âme de Padre Gioacchino.

À sa nièce, Ninetta Bordonaro, restée veuve et qui se plaignait à son Saint oncle Capucin des problèmes de cohabitation avec sa belle-mère, il écrivait aussi :

Vous dites que vous ne lui gardez pas de haine : mais d'être indifférente, de ne plus avoir cette confiance d'avant, de l'humilier, de fuir sa présence, n'est-ce pas une sorte de haine ? Ces comportements faits de silence, de refus au dialogue même s'il est "chaud", sont pires qu'un heurt ouvert entre deux personnes.

Suivez ce que dit l'Évangile et vous vivrez en paix avec Dieu et avec tous.

Sur l'état de veuvage Padre Gioacchino s'exprimait :

La veuve doit être le miroir des vierges, des épouses et des autres veuves. Son parler doit être édifiant et doux ; pour les veuves il n'y a plus de divertissement, plus de bals ou théâtres ; la veuve doit inspirer à tous parfum de chasteté et tempérance ; les veuves, enfin, doivent montrer qu'elles ne sont plus du monde mais toutes de Dieu.

Par ces mots, Padre Gioacchino laissait entendre à sa nièce que, par delà la mort, elle devait continuer à respecter son mari et à l'honorer en se comportant avec dignité dans maints domaines.

Il lui disait encore :

Je sens que vous souhaitez de moi quelque conseil. Vous vous êtes sûrement trompée : Quel conseil puis-je donner moi, déconseillé et ignorant ?

Pourtant, quelle meilleure directive pouvait-il donner à sa nièce que celle de se réconforter auprès de Dieu ?... Padre Gioacchino lui rappelait également de tenir les yeux ouverts sur ses enfants, de bien les élever et qu'une mère ne devait jamais les délaisser.

À l'époque de cet échange de courrier avec sa nièce, la Sicile vivait oppressée par la misère et était affligée par les catastrophes du bassin minier de Caltanissetta et de sa région.

(L'écrivain Luigi Pirandello a d'ailleurs décrit avec beaucoup d'humanité cette vie de désespoir dans les mines).

Non seulement ce pays avait dû subir le "Risorgimento", période d'insurrections, de pillages, de tensions sociales, politiques et religieuses, mais il était encore accablé par les explosions et les tragédies des soufrières qui venaient régulièrement endeuiller la population.

De nombreuses familles de mineurs, les "surfarara", étaient alors affreusement déchirées par la perte d'un mari, d'un frère ou d'un très jeune fils. Beaucoup d'enfants, ces "carusi" de sept à quinze ans, étaient condamnés au transport harassant du minerai vers les fours, avec des charges de vingt-cinq à quatre-vingts kilos par voyage, mettant leur santé en péril.

Celles qui avaient été épargnées par la mort se retrouvaient totalement démunies, sans ressources et sans travail en raison des dégâts occasionnés à la mine.

À Sommatino aussi, à la "Pirrera Grande", dans la minière "Trabia Tallarita", mine de soufre portant le nom des Princes, avait eu lieu de semblables tragédies pendant l'enfance de mon mari : treize morts en un seul jour en 1957. Ce soufre, ce "surfaru", les "piconieri" l'arrachaient des entrailles de la terre, dans des conditions inhumaines réduisant leur espérance de vie.

Au fond des puits, les "surfarara" travaillaient totalement nus, étouffés par la chaleur et la poussière, asphyxiés par les gaz ou épuisés par les centaines de marches à descendre puis à remonter chaque jour. Quant à leur maigre pitance, ils devaient la protéger et la défendre des nombreux rats. Combien de mineurs du fond de ces galeries, enterrés vivants, ne sont jamais remontés à la lumière !... La population, même la plus humble, pouvait toujours apprécier avec plaisir un morceau de pain ; mais, pour ces hommes des ténèbres qui perdaient leur vie dans les flammes ou les émanations d'anhydride sulfureux, il devenait le pain noir de la misère, des larmes et de la mort.

Et, pour ajouter encore à leur détresse, les mineurs étaient exploités et souvent ils ne recevaient pas de salaire pendant de longs mois. Aussi, lorsqu'ils rentraient enfin chez eux, après être remontés de la minière, ils pouvaient cueillir au bord des champs quelques fèves ou pois chiches, les paysans compatissants et compréhensifs les laissant faire.

Depuis les années 1967-1970, toutes ces mines de soufre ont été fermées. Économiquement, leur exploitation n'était plus rentable et n'apportait plus au pays que malheur et mort. Désormais, il ne reste que des bâtiments désaffectés et effondrés, entourés de rocailles et de terrains en friches ou seuls poussent les câpres, le fenouil sauvage et les chardons.

Ces dernières mines, vestiges du passé, seront peut-être un jour réhabilitées pour devenir des lieux du souvenir de la douleur ou des musées pour les futures générations. On comprend donc combien la compassion de Padre Gioacchino, pour tous ces pauvres gens, pouvait être vive et sans limites.

Lorsqu'ils se présentaient au monastère, jamais il ne les laissait repartir les mains vides, car il disait :

Si un pauvre se présente pour un morceau de pain, c'est qu'il en a grand besoin. Peu, oui mais rien, jamais.

Parfois, il les faisait aider discrètement afin qu'ils ne se rendent compte de rien. À sa propre famille, qui justement était riche, il faisait remarquer :

Regardez ces gens, leurs enfants grandissent et ils n'ont rien. Je vous les recommande.

Et, à sa nièce aussi, il adressait ses directives :

En toutes choses, n'oubliez pas d'être généreuse avec les pauvres. Tâchez que vos parents soient eux aussi plus prodigues avec eux en élargissant la main.

Ils pourraient faire comme "Nonna La Lomia" qui, chaque semaine, restaurait et habillait tous les pauvres de Canicattì : comme faisait ma mère qui mourut pauvre pour les pauvres. Je dis ceci car les riches se damnent presque tous.

À ce sujet, Giuseppe Argento a apporté son témoignage pour le procès des vertus héroïques de Padre Gioacchino. Voici son récit :

Une fois s'était présenté un malade qui paraissait souffrir de la lèpre. Cet homme, qui était d'Acquaviva, avait été reçu chez moi lorsqu'il était venu à Canicattì.

Il m'avait demandé de l'accompagner vers Padre Gioacchino afin de lui demander la guérison. Selon son désir, je l'avais donc accompagné. Lorsqu'il avait été en sa présence, le malade lui avait demandé son aide pour guérir.

Padre Gioacchino lui avait alors dit :

Tout ce que vous avez est le sang des pauvres, car vous êtes un usurier. Restituez d'abord ce que vous avez volé aux pauvres et ensuite vous serez guéri.

Cet homme avait répondu qu'il ne pouvait pas le faire car il ne voulait pas se réduire à demander l'aumône.

Padre Gioacchino l'avait alors congédié. Après huit mois, cet homme était mort.

Moi-même (Giuseppe Argento), ainsi que ce malade, étions restés particulièrement surpris. Comment le serviteur de Dieu avait-il eu connaissance des péchés d'avarice de cet homme, si auparavant il ne l'avait jamais vu ?

Le Christ lui-même, dans l'Évangile selon Matthieu[1], avait dit à un jeune homme riche qui lui demandait ce qu'il devait faire de bon pour avoir la vie éternelle :

Si tu veux être parfait, va, prends ce que tu possèdes, donne-le aux pauvres, et tu auras un trésor dans le ciel. Puis viens, et suis-moi.

Jésus avait dit aussi à ses Disciples :

Je vous le dis en vérité, un riche entrera difficilement dans le royaume des cieux. Je vous le dis encore, il est plus facile à un chameau de passer par le trou d'une aiguille qu'à un riche d'entrer dans le royaume de Dieu.

Quant à Padre Gioacchino, il ne se contentait pas seulement d'inciter son prochain à être généreux ou à donner ses biens selon la parole du Christ. Lui-même, avait déjà tout abandonné pour être dans la plus absolue pauvreté, et cela depuis bien longtemps.

Mais, une nouvelle fois, il allait montrer sa solidarité avec ses "frères".

En fils de la pauvreté, Padre Gioacchino portait sur lui un habit tout rapiécé qui faisait pitié à voir. Un jour, en ayant reçu un autre, tout neuf, il s'était empressé de l'offrir au frère Giovanni de Milocca. En effet, Padre Gioacchino s'était aperçu que ce frère, occupé à pétrir la farine devant le four, avait une tunique encore bien plus usée que la sienne.

Ce geste spontané de générosité était une marque d'attention toute particulière envers un "confrère" encore plus humble.

Dans ses lettres, le serviteur de Dieu parlait aussi de l'aide qu'il recevait du Seigneur, de la Providence et qui lui permettait de surmonter sa fatigue et son épuisement.

L'asino è molto stanco ma sta in piedi.

L'âne est très fatigué mais il reste debout.

Dans une autre correspondance, Padre Gioacchino confiait à sa nièce ses soucis de santé :

Les confessions me porteront sous peu à la tombe : les femmes de Canicattì veulent, certaines de force, se confesser avec moi. Je me trouve très abattu et en ce moment, j'ai une mauvaise fièvre.

J'attends l'appel pour Licata afin de me reposer deux jours car je me sens fini...

En effet, nous pouvons aisément imaginer combien Padre Gioacchino devait être éprouvé, déjà très affaibli par ses multiples pénitences et

1) Mt 19, 20 : 16-22

privations. Quant aux confessions, elles devaient le miner et l'accabler à l'extrême. D'entendre nos fautes envers le Seigneur lui arrachait le cœur.

Aussi, ce repos à Licata petit port de pêche au bord de la Méditerranée était très attendu par le brave Père et l'air marin ne pourrait que le revivifier un peu.

De parler de Licata me fait penser qu'une nouvelle fois nous étions (sans le savoir) sur les pas de Padre Gioacchino. Au cours d'un autre voyage en Sicile avec nos enfants, nous nous étions promenés à Licata, le long du port et de la plage, au milieu des bateaux. Ce jour-là, mon mari avait pris lui aussi une très mauvaise fièvre (sans doute une insolation) et nous avions dû écourter notre sortie. Dans la nuit, très gravement malade, Joseph avait failli perdre la vie.

La prière et Padre Gioacchino avaient peut-être éloigné cette funeste présence que j'avais sentie à mes côtés toute la nuit et qui semblait attendre que je m'assoupisse pour m'arracher mon mari.

Padre Gioacchino aimait, on le sait, prendre tout son temps pour dire sa messe et jamais il ne la précipitait. À ceux qui lui reprochaient parfois d'être trop long dans ses oraisons et sermons, il répondait :

Ma messe dure trois quarts d'heure, alors que notre Seigneur Jésus-Christ est resté trois heures en croix.

Aussi, pour ne pas déranger trop souvent le sacristain, il avait instruit un paysan, un certain Calogero Meli à lui servir la messe.

Et il lui disait :

Calì, (Calogero) ora amma diri na Missa ca nun ammu dittu mai.

Calì, (Calogero) maintenant on va dire une messe que nous n'avons jamais dite.

Cet homme, ayant une très grande estime pour le Padre Gioacchino continuera à l'aider et à l'assister quotidiennement jusqu'à la mort.

Ce pain de vie que l'humble père avait tant d'amour à "offrir", lui apportait toujours une indicible émotion qui touchait toutes les âmes et les amenait au repentir.

2. Prophéties

Ses paroles prophétiques aussi brisaient les chaînes du péché, suscitant interrogation, réflexion et confession.

Alors qu'il était à Casteltermini, après être arrivé sous la pluie d'un long et fatigant voyage, Padre Gioacchino avait pourtant tenu à se lever tôt pour célébrer la Sainte Messe. Comme toujours, de nombreuses personnes étaient ensuite venues saluer respectueusement le cher Père dans la sacristie.

• Pendant que des fidèles lui embrassaient la main, un homme était entré par curiosité sans doute.

Dès qu'il l'avait aperçu, Padre Gioacchino avait froncé les sourcils et lui avait lancé un regard terrible en lui disant :

Mon frère, faites attention, encore trois jours !...

Cette mise en garde avait été sans nul doute prise au sérieux par cet homme qui, depuis quarante ans, était publiquement un pécheur. L'âme touchée, il était allé se confesser avec l'Archiprêtre, avant de mourir trois jours plus tard.

Une autre prophétie qui figure dans les procès pour les vertus héroïques de Padre Gioacchino est ainsi racontée :

• Ma tante Provenzani Rosa de feu Pasquale avait eu beaucoup de fausses couches et se trouvait à nouveau enceinte. Mon oncle, qui était dans notre maison, s'était recommandé à Padre Gioacchino qui lui avait dit : *Je viendrai la visiter.*

Quelques jours plus tard, il était venu me chercher. *Allons chez la tante.* On l'avait trouvée assise, voulant se lever, mais le serviteur de Dieu n'avait pas permis qu'elle se dérange. Assis en face d'elle, il lui avait demandé de parler de ses préoccupations.

Elle s'était confiée en manifestant son état douloureux. Sans parler, le serviteur de Dieu l'écoutait. Puis il s'était levé, s'était agenouillé sur le balcon d'où l'on voyait la croix du calvaire et était resté en prière environ un quart d'heure.

La prière terminée, il était retourné s'asseoir et lui avait dit : *Le Seigneur t'a accordé la grâce ; tu auras une petite fille à laquelle tu donneras le nom de Filomena, elle sera baptisée et après vingt-huit jours elle s'envolera au Paradis !*

Ces paroles, je les ai entendues personnellement. Ce fait fut rendu public. Le moment venu, une petite fille vint à la lumière et à laquelle par le Baptême on donna le nom de Filomena. La petite naquit en bonne santé, mais compte tenu de la prédiction du serviteur de Dieu, le médecin fut appelé. N'y croyant pas, il avait dit : *La petite vivra et cette fois-ci Padre Gioacchino se trompe.*

Deux fois par jour, le médecin, qui s'appelait La Marca Filippo, venait dans la maison de la tante pour suivre l'enfant de près. La petite allait de mieux en mieux et lui se pâmait de joie.

Le vingt-quatrième jour, la petite parut frappée de bronchite. Le médecin assura que l'on pouvait être tranquille car il n'y avait aucun danger.

Le vingt-neuvième jour, la petite mourait. Ce même médecin avait alors dit : *Padre Gioacchino est vraiment Saint.*

Cependant, avec les années, le pauvre Père Gioacchino ressentait de graves difficultés à accomplir sa mission terrestre. Ses forces déclinaient et sa santé s'altérait chaque jour un peu plus. Pourtant, même âgé, il continuait à respecter scrupuleusement les pratiques religieuses faisant pénitence et abstinence pendant le Carême, se levant tôt à l'heure de la première Messe, ou récitant les offices dans la souffrance.

Cette parfaite observation de "la règle", Padre Gioacchino allait la suivre jusqu'à la fin de sa vie, sans aucune concession. Obéir, encore et toujours à la voix et aux demandes de ses supérieurs en abandonnant tout pour aller vers le Seigneur.

C'est pourquoi il avait écrit sur un bout de papier les paroles de son Confesseur :

U. U. U. (Ubbidite, Ubbidite, Ubbidite).

Ce qui voulait dire : Obéissez, Obéissez, Obéissez.

La charité envers les pauvres et son prochain, la dévotion, la pénitence, la pauvreté, l'obéissance, l'humilité... toutes ces vertus étaient profondément enracinées dans son âme et dans son cœur meurtri de mille coups de lance.

La pauvreté était son amie. L'humble père ne possédait rien, ne voulait rien et remettait aux miséreux ou au "Guardiano" (le Supérieur) la moindre aumône reçue, car l'argent lui brûlait les mains. Pour son habillement, il se contentait d'une simple tunique serrée par une cordelière (le froc franciscain) et d'une mauvaise paire de sandales.

Dans son austère cellule, il y avait seulement un Crucifix, une chandelle pour lire son précieux bréviaire, un petit bout de bois taillé qu'il trempait dans une encre médiocre, quelques feuilles de papier pour écrire toujours et encore des poésies. Elles pourraient d'ailleurs constituer un important florilège et un volume "d'œuvres d'art" qui édifierait le monde des poètes.

Et enfin, pour richesse infinie, la présence du Divin...

De tout son être d'ailleurs se dégageait une impression de surnaturel. Ses gestes, son pas, sa voix, son état de pénitent perpétuel qui savait châtier son corps comme l'Apôtre Saint Paul, inspiraient le plus profond respect.

Pour lui-même, qui ne cessait de se considérer comme un honteux et misérable pécheur ou pour son prochain, il répétait :

ou pénitence ou enfer.

Alors, Padre Gioacchino se maintenait dans la parfaite union de Dieu avec ses prières à la Sainte Vierge Marie, à la Sainte Trinité et en récitant la litanie des Saints.

Malgré la vieillesse et le mal inexorable qui l'accablait, Padre Gioacchino continuait sa tâche. Parfois, soutenu par un frère, il partait aider quelqu'un ou assister un moribond, le pas incertain et s'appuyant sur sa canne.

Son corps exténué et malade se pliait peu à peu vers la terre qui l'avait vu naître, inquiétant déjà toute la population qui, pourtant, persévérait à rechercher le secours du bon père.

Et, bien que son dos se voûtait, il n'arrivait plus parfois à embrasser le sol lorsqu'il entrait dans le chœur de l'église. Alors, il imposait sa volonté à son propre corps en disant :

Non vuoi ? bestia che sei, curvati.

Tu ne veux pas ? bête que tu es, courbe-toi.

Souvent la nuit il allait se recueillir devant le Saint-Sacrement et il était toujours le premier à frapper à la porte du sacristain lorsque la veilleuse, symbole de la présence du Christ, était éteinte. Et, à tous, il rappelait que c'était un grave péché de laisser s'éteindre cette lampe, même pour une heure.

Combien d'épisodes ont été relatés au cours des Procès sur sa vie et qui nous montrent sa force, sa piété ou sa charité envers tous !...

Lorenzo Giacomo Inglese raconte : *Un jour on avait amené, porté par un âne, un malheureux qui avait les pieds couverts de plaies. On l'avait fait entrer dans le fenil, puis on l'avait déposé à terre.*

Padre Gioacchino, accompagné de l'un de mes compagnons, le frère Bernardino de Favara, était allé le laver et le soigner bien que ce fut un travail nauséabond.

Padre Gioacchino avait surmonté sa répugnance, tout comme Saint François d'Assise l'avait fait jadis en embrassant la bouche gangréneuse d'un lépreux. Saint François avait eu l'impression d'avoir embrassé le Christ.

Et le Christ lui-même, n'avait-il pas lavé les pieds à ses Disciples !...

Humilité, charité... Padre Gioacchino allait nous donner encore une preuve de sa compassion.

C'était jour de foire sur la place de Borgalino et un pauvre homme avait eu le malheur de voir mourir sa propre bête (sans doute un cheval ou un mulet). Le serviteur de Dieu, qui se trouvait là, s'était mis à quêter dans la foire. Ainsi, le malheureux avait pu s'acheter un autre animal et rentrer chez lui car il était étranger au pays.

Nous pouvons imaginer aisément la détresse du pauvre homme. Non seulement il devait être très attaché à cet animal, mais sa mort le privait sans doute de son "outil de travail". En effet, en ce temps-là, les paysans n'avaient pas de tracteurs ou de machines agricoles et leurs bêtes accomplissaient et abattaient un travail éreintant. Dès l'aube, elles emmenaient sur leur dos les paysans vers leurs terres, souvent très éloignées de la ville. Puis, toute la journée, elles étaient attelées à la charrue pour labourer la terre et tracer les sillons qui bientôt seraient ensemencés. Et, lorsque la saison de la moisson était arrivée, les mules piétinaient les épis de blé dans l'aire, pendant des heures en tournant sous un soleil implacable, les pattes écorchées par les tiges coupantes.

Le soir, enfin, ces pauvres bêtes revenaient des champs avec d'impressionnants chargements de paille ou de céréales. Aussi, après avoir sans doute éprouvé un grand désespoir, cet homme devait ressentir désormais un grand soulagement grâce à la main secourable du bon pasteur.

Sur la route du retour, à califourchon sur sa monture, il pouvait à nouveau longer les chemins arides et caillouteux traversant les collines plantées d'oliviers. Et, en voyant les troupeaux de chèvres et de moutons avec leurs jeunes bergers, il pouvait même peut-être entonner ces vieilles chansons mélodieuses siciliennes.

Donc, tout au long de l'année, laboureurs, semeurs, paysans, tous ces "contadini" continuaient leurs travaux, leurs bêtes étant d'un précieux secours.

Mais, c'est Saint Calogero que les moissonneurs imploraient en le louant et en recherchant son aide. En effet, Dieu lui avait accordé la grâce de pouvoir moissonner dans la même journée, à lui tout seul, sept fiefs (sept domaines agricoles). Et, par la forte chaleur, il était devenu : un noir.

Depuis, Saint Calogero le patron des moissonneurs est toujours vénéré. Sa statue et ses reliques se trouvent dans la très belle église de Naro, qui porte son nom, et que nous avons eu aussi le plaisir de visiter en compagnie d'un père Capucin de Canicattì.

Lors des fêtes, les fidèles apportent des pains qui sont bénis pendant la messe, puis distribués ensuite à tous en signe de partage. On se souvient d'ailleurs que c'est justement à Naro, en pleine période de famine, que Padre Gioacchino avait évité une émeute en incitant la population à la prière et en faisant aussi ouvrir les magasins de blé.

Jamais sa charité ne finissait et sa patience était sans faille...

Un Supérieur au tempérament un peu vif s'était énervé un jour envers lui, l'avait bousculé et fait tombé par terre par inadvertance. L'humble père s'était alors relevé et avait aussitôt demandé pardon au Supérieur qui venait de le pousser.

Dans le comportement de Padre Gioacchino, il n'y avait jamais ni agressivité, ni irritabilité. L'Apôtre de Dieu avait une patience à toute épreuve et était compatissant envers son prochain, dans l'amour du Christ. C'est donc lorsque Padre Gioacchino s'abaissait qu'il montrait sa force, cette force de Dieu qui s'exprimait dans la faiblesse de l'homme.

À ce sujet, l'Apôtre Paul avait dit :

Je me glorifierai donc bien plus volontiers de mes faiblesses, afin que la puissance du Christ repose sur moi. C'est pourquoi je me plais dans les faiblesses, dans les outrages, dans les calamités, dans les persécutions, dans les détresses, pour Christ ; car, quand je suis faible, c'est alors que je suis fort[1].

Aussi, s'il y a le faible qui ignore la force de son amour, il y a hélas celui qui se croit fort alors que la faiblesse a depuis longtemps envahi son esprit.

Celui-là, comme un dictateur, veut alors imposer ses actes, ses idées ou ses propos (même dans l'oppression, le mensonge ou le délire), en clamant qu'il est "fort". Cependant, la dureté de son âme et l'amour qu'il n'a pas dans son cœur, l'empêche de voir les blessures qu'il cause autour de lui, à ses frères et aussi à lui-même.

Mais le serviteur de Dieu n'était que charité, amour, justice et espérance pour son prochain.

L'amour !...

Il excuse tout, il croit tout, il espère tout, il supporte tout[2].

Et, en effet, Padre Gioacchino supportait tout et ne se laissait pas emporter par la colère ou une quelconque passion. Il ne se heurtait avec personne, agissant sans précipitation, toujours calme même dans l'action, miséricordieux pour tous.

Une fois, Padre Gioacchino s'était rendu dans la maison d'une femme de mauvaise vie qui était au seuil de la mort. Il l'avait confessée et lui avait donné la Communion. Quelqu'un s'était d'ailleurs étonné que lui, Saint, fut entré dans une telle maison. Le serviteur de Dieu avait répondu :

Je suis allé sauver une âme.

Jésus[3], lui-même, alors qu'il se trouvait dans la maison de Simon le Pharisien, avait rencontré une femme pécheresse qui lui avait apporté un vase plein de parfum. Elle pleurait et ses larmes avaient mouillé les pieds de Jésus. Elle les avait ensuite essuyés avec ses cheveux, puis embrassés et parfumés.

Simon aussi s'était étonné que "le Prophète" se laisse toucher par une telle femme. Jésus lui avait dit :

Je suis entré dans ta maison et tu ne m'as point donné d'eau pour laver mes pieds, mais elle, elle les a mouillés de ses larmes, et les a essuyés avec ses cheveux. Tu ne m'as point donné de baiser ; mais elle, depuis que je suis entré, elle n'a point cessé d'embrasser mes pieds. Tu n'as point versé d'huile sur ma tête ; mais elle, elle a versé du parfum sur

1) 2 Co 12 : 9-10
2) 1 Co 13 : 4-7
3) Luc 7 : 36-50

mes pieds. C'est pourquoi, je te le dis, ses nombreux péchés ont été pardonnés : car elle a beaucoup aimé...

Puis Jésus avait dit à la femme :

Ta foi t'a sauvée, va en paix.

Padre Gioacchino savait donc également accorder le pardon et apporter réconfort et paix aux âmes perdues.

À ceux qui n'avaient que leur misère et leur douleur pour accompagner leurs pensées et leur vie, le brave père apportait lumière et courage.

• Une pauvre femme était paralysée depuis plusieurs années et son mari, Vitale Giovanni de feu Antonio, avait imploré Padre Gioacchino en demandant pour elle la santé ou la délivrance par la mort.

Padre Gioacchino s'était fait accompagner chez la pauvre paralytique par l'agriculteur qui employait son mari. Ils avaient trouvé la pauvre femme dans un état pitoyable et la puanteur était telle que seul Padre Gioacchino était entré. Resté devant la porte, l'homme l'avait vu s'agenouiller, puis se lever en disant :

Courage, la grâce est faite !

Padre Gioacchino lui avait ensuite donné la bénédiction de Saint François, puis était sorti. L'homme qui l'attendait s'était permis de demander au révérend père : *Quelle grâce à été faite ?* Le serviteur de Dieu lui avait répondu :

Encore un mois de vie pour se libérer de ses péchés et ensuite elle ira directement au Paradis.

À son retour, le mari avait eu la même réponse. Précisément, un mois plus tard, elle mourait.

CHAPITRE IX

Départ vers le ciel

1. Maladie et humiliation
2. Mort
3. Funérailles

1. Maladie et humiliation

Les prédications le fatiguaient beaucoup et, de plus en plus, il priait la Vierge cette Reine du ciel pour qu'elle ne l'abandonne pas, récitant le Saint Rosaire chaque jour. Pour cette Mère céleste, il avait une telle dévotion, une telle tendresse, un tel amour que dans l'extase de son cœur elle lui apparaissait.

L'une de ses pénitentes, Vincenza Tiranno, a d'ailleurs attesté sous serment à l'époque que Padre Gioacchino lui avait confié avoir vu, plus d'une fois, la Madone. Avec attendrissement, mais aussi avec cette flamme qui l'animait, il s'était exclamé :

Oh, comme elle est belle la Madone !...

Et, un autre jour, après la messe, il avait aussi fait part à Calogera Giacchetto d'une autre apparition de la Vierge.

J'ai vu la Madone... Je lui ait dit :

Ô ma mère, voyez, je suis un misérable pécheur.

Elle m'a répondu :

Ne crains rien ; ne sais-tu pas que je suis ta Mère ?

Et, en parlant ainsi, il tremblait tout de tendresse. Au couvent de la "Madonna della Rocca", les gens venaient toujours demander la grâce au Saint homme affaibli, porteur de l'Évangile, à "Patri Jachinu", comme on l'appelait et comme on l'appelle d'ailleurs toujours familièrement, avec affection.

Mais Padre Gioacchino s'acheminait vers la fin de sa vie. Certains pensent même que la date de sa mort lui avait été révélée, ce qui ne serait pas surprenant si l'on considère son union spirituelle constante avec Dieu.

En 1903, ses forces physiques allaient commencer à décliner et à l'abandonner. Il avait de plus en plus de la peine à marcher et sa main décharnée se crispait sur son bâton de pèlerin qui n'arrivait plus à le soutenir.

À l'entrée du couvent, il avait accroché sur une porte un carton avec l'inscription du salut chrétien.

Pax intranti benedictio quoque moranti.

Que la paix soit sur ceux qui entrent et la bénédiction sur ceux qui restent.

Puis, ce carton étant tombé, Padre Gioacchino l'avait tout simplement remplacé, un matin de cette même année, par une autre maxime :

Ecce venio cito ! Je viens vite.

Hélas, cette prédiction était bien réelle et la mort s'approchait lentement du serviteur de Dieu.

Mais, si ses capacités physiques étaient amoindries, son âme, elle, continuait à s'élever vers le ciel et le Créateur.

Désireux d'employer le dernier souffle de sa vie à sauver des âmes, il offrait encore des paroles de réconfort à ceux qui pensaient n'avoir pas de foi et qui étaient désespérés.

Son autre main, posée sur sa poitrine, paraissait vouloir dire à chacun son amour, lui qui avait consacré toute son existence à pardonner, à aider et à aimer. Et, même dans la souffrance, il gardait son sourire, ce sourire d'enfant heureux en disant :

Celui qui ne sait pas souffrir, ne sait pas aimer. Aimons Dieu qui mérite d'être aimé.

Mais l'amour peut détruire, et Padre Gioacchino avait effectivement anéanti sa santé non seulement dans son œuvre d'apostolat, mais surtout pour racheter l'humanité coupable de la mort du Christ.

Et, malheureusement, les problèmes de santé de ce digne fils de Saint François d'Assise et de ce frère de Saint Antoine de Padoue allaient encore s'intensifier et briser son énergie.

Le 6 avril 1903, Padre Gioacchino était parti prêcher à Comitini en compagnie du frère Gioacchino de Campobello.

Tous deux étaient attendus par le curé Don Salvatore Messana de Canicattì.

Mais Padre Gioacchino était gravement malade. Fatigue, sacrifices multiples l'avaient miné et sa voix avait perdu toute vigueur et caractère. Les gens qui l'écoutaient étaient silencieux, n'osant pas montrer ou admettre leur grande désillusion.

Ils ne retrouvaient plus cette émotion profonde, cette ardeur, cet enthousiasme qui se dégageaient jadis des sermons du serviteur de Dieu.

Mortifié, vieilli, humilié de n'avoir pu servir le Seigneur, son retour à Canicattì allait être particulièrement triste.

Le pressentiment de ne plus pouvoir être utile lui étreignait le cœur.

Son activité religieuse avait toujours été jusque-là une victoire pour les âmes en peine, une réussite constante dans sa recherche apostolique. Aussi, de se sentir détruit et inutile pour la gloire de Dieu, c'était la douleur suprême que pouvait supporter cette âme généreuse.

Ce renoncement, néanmoins, était accompagné d'une certaine espérance de pouvoir encore servir le Seigneur, malgré le déclin de ses forces physiques.

Padre Gioacchino, cependant, continuait à recevoir de nombreuses lettres de malades qui le suppliaient d'intervenir en leur faveur. Lui parvenaient également des invitations de diverses paroisses qui souhaitaient tellement sa présence.

Dans ses manuscrits, Padre Sena décrit justement cet enthousiasme que les prêtres avaient à vouloir entendre les sermons de Padre Gioacchino, sans doute pour essayer de suivre son exemple.

Il aurait bien voulu répondre favorablement à tous. Hélas, ce n'était plus possible.

Padre Gioacchino n'avait plus de forces suffisantes pour assumer ces épuisants déplacements.

Sa vie durant, il avait parcouru les chemins boueux, rocailleux et pénibles pour “voler” au secours des âmes en détresse.

Mais, aujourd'hui, le sentier se resserrait et le contraignait à une halte forcée.

Il devait, tout d'abord, renoncer à ses chères prédications qui avaient fait de lui un conseiller modèle, un ange de vertu religieuse.

Padre Gioacchino allait être aidé en ce sens par Padre Vincenzo Sena qui, désormais, devait se charger d'écrire personnellement à tous pour les informer de la mauvaise santé du bon père, à qui ils ne cessaient jamais de demander aide et protection.

Aussi, très vite, le bruit de sa maladie allait se répandre dans tout le pays, alarmant ses fidèles “frères pécheurs”, les faisant affluer vers son cher couvent de la “Madonna della Rocca”.

Très souffrant, Padre Gioacchino avait dû consulter le docteur La Vecchia qui lui avait prescrit des médicaments et lui avait surtout ordonné le repos absolu.

Contraint à l'obéissance, le pauvre père se levait seulement pour dire sa messe du matin puis regagnait sa dure couchette. Pour soulager l'enflure de ses pieds et ses malaises cardiaques, il s'appliquait des sangsues, vieux remède d'ailleurs encore parfois utilisé de nos jours.

En raison du déclin de sa santé, Padre Gioacchino, c'était certain, devait se résoudre à dire adieu à l'apostolat.

Cependant, une telle œuvre humanitaire ne pouvait s'arrêter si brutalement et elle allait rester gravée dans le cœur de tous ceux qui ont vu en lui : le Saint.

2. Mort

Dans la nuit de Noël 1904, Padre Sena avait prêché la neuvaine de l'Enfant Jésus et, se sentant fatigué, il avait demandé à Padre Gioacchino d'en faire la péroraison.

La voix fatiguée et affaiblie, le serviteur de Dieu parlait mais il n'arrivait plus à se faire comprendre. Il dut interrompre son discours trop long, devenu ennuyeux.

Une dernière fois, il lui fut permis de se rendre avec le père Tommaso Lomia à Terranova pour bénir une jeune malade mentale.

Conduite devant l'autel de la Vierge des infirmes et après avoir reçu la bénédiction de Padre Gioacchino, elle ressentit immédiatement un grand soulagement. Elle était guérie.

Mais, pour Padre Gioacchino, c'était sa dernière sortie. Il ne traverserait plus les champs de blés, verts au printemps, dorés à l'été. Il ne cueillerait plus de fèves crues pour son frugal repas. On ne le verrait plus marcher dans la campagne sicilienne comme un pèlerin qui se rend à Saint-Jacques-de-Compostelle, à Lourdes, à Padoue vers Saint Antoine ou à Assise vers Saint François.

Et pourtant, sa vie était déjà une cathédrale de piété, de charité chrétienne près de laquelle on venait prier ou se repentir.

Cependant, les chants de l'orgue céleste s'approchaient doucement, doucement, mais inexorables.

Le Vendredi Saint 1905, on l'avait vu encore prêcher et pleurer sur le calvaire mais, très fatigué, il avait dû se reposer près de l'Institut "Il boccone del Povero", la bouchée du pauvre, avant de retourner au couvent. À cet endroit, il avait rencontré le père Luigi Cupani et le révérend Père

Ernesto Bresciani, visiteur apostolique qui lui avait demandé des nouvelles de sa santé.

Padre Gioacchino avait répondu :

C'est ma dernière prédication du Vendredi Saint et ma dernière procession. La fin s'approche.

Un matin de mai 1905, à l'heure du réveil, Padre Gioacchino était venu frapper à la porte de la cellule où dormait Padre Sena. Pieds nus, le vêtement mal ajusté, il lui avait expliqué qu'il ne pourrait aller au chœur, en raison de la très mauvaise nuit qu'il avait passée.

Toute la nuit, il avait ressenti dans toute sa personne des douleurs terribles, particulièrement vives, comme si des pierres ou des fers pesaient sur sa tête et dans son corps.

Il se sentait mal, si mal... Jamais, jamais, il n'avait été ainsi.

Inquiet et très impressionné, Padre Sena avait immédiatement appelé le docteur Sciascia. Mais pour Padre Gioacchino il n'y avait pas d'espoir de guérison. Il s'agissait d'artériosclérose et les moyens thérapeutiques de la science étaient inefficaces et inutiles. Padre Gioacchino fut transférée de sa cellule n° 1 à la n° 5 qui convenait mieux à un malade. Lorsqu'il avait aperçu son nouveau lit avec un matelas de laine il s'était exclamé :

Maintenant commencent les choses molles !

Après toutes les rudesses extrêmes de son existence et bien que s'annonçait déjà son dernier combat, cette confortable couchette lui paraissait comme le symbole d'une douceur à venir.

Par la suite, c'est au docteur Luigi La Vecchia qu'allait incomber la tâche de suivre l'évolution de cette grave maladie.

Ce bon docteur, qui avait non seulement des liens de parenté mais surtout beaucoup de vénération pour le brave père, lui rendait visite tous les jours. Padre Gioacchino, malgré le mal qui le conduisait à la tombe, continuait à écrire ou à prier.

Petit à petit, il prenait congé de chacun, leur annonçant son prochain départ.

Le 20 juin 1905, Padre Gioacchino célébrait son ultime messe. Ce fait émouvant est d'ailleurs resté inscrit dans le registre de cette époque. Son adieu à l'autel fut d'une intensité toute particulière.

Pendant plus de cinquante ans, il avait été le Ministre de Dieu ; mais désormais ses mains tremblantes et malades ne pouvaient plus élever la Sainte-Eucharistie.

Pour un jeune prêtre, une première messe était sans doute comme une poésie. Mais, pour Padre Gioacchino, sa dernière messe était un livre de poèmes offert à son Seigneur vers lequel il s'acheminait avec sérénité.

Le Gardien du couvent, Padre Sena, s'était agenouillé un jour au pied du lit de Padre Gioacchino.

Père révérend, je vous demande pardon si je vous ai manqué de respect.

Le serviteur de Dieu avait répondu :

Non, père, je n'ai pas à me plaindre en rien de votre paternité. Si parfois il y a eu quelques "malentendus" c'était seulement parce que toutes les choses, je les pensais toujours différemment des autres. Au contraire, c'est moi qui vous demande pardon, ainsi qu'à tous les religieux.

Depuis de longues années que Padre Sena voyait vivre Padre Gioacchino, il pensait que celui-ci était un Saint. Aussi, ces paroles l'avaient rassuré.

Puis, le serviteur de Dieu avait posé ses deux mains sur la tête de Padre Sena, l'étreignant fortement puis l'avait béni en prononçant quelques saintes paroles.

Désormais, Padre Gioacchino n'allait cesser de souffrir, ressentant de perpétuelles douleurs dans tout son être. Aucune position ne lui apportait de soulagement. Il ne pouvait plus rester ni couché, ni assis et encore moins debout.

Ses confrères, ses amis l'assistaient du mieux qu'ils le pouvaient avec abnégation et fidélité, attristés de le voir ainsi humilié et diminué physiquement. Ils le promenaient, même la nuit, dans les couloirs du couvent, assis sur son fauteuil roulant donné par le prêtre Don Vincenzo Macaluso. Souvent la respiration lui manquait et le pauvre père invalide faisait peine à voir. Il haletait, suffocant. D'une fenêtre à l'autre, il cherchait un souffle d'air, cet air rendu plus pesant encore par la chaleur moite et étouffante de l'été.

Sans cesse il répétait : *Andiamo, Andiamo ! Allons-y, allons-y !*

Le malheureux père n'arrivait plus à trouver pour son pauvre corps un instant de quiétude. Il n'était bien nulle part et restait perpétuellement en quête d'un "mieux-être", qu'il n'arrivait pas à obtenir. Lorsqu'il s'approchait d'une fenêtre, il faisait un signe de croix de sa main décharnée à l'intention des fidèles qui priaient ou pleuraient devant le couvent.

Un matin, il leur avait dit d'une voix encore forte :

Mes chers amis, mes chers frères, dans quelques jours je ne serai plus avec vous, dans peu de jours je m'en vais à Dieu.

Les prédictions de Padre Gioacchino s'étaient toujours avérées sérieuses et réelles ; aussi, tous redoutaient le grand départ de leur Saint homme.

Malgré son émotion et ses larmes, Padre Gioacchino avait encore pu bénir la foule.

Et je vous bénis au nom du Père, du Fils et du Saint-Esprit.

Parmi les fidèles venus prier pour Padre Gioacchino se trouvait alors un jeune homme de vingt ans, fervent catholique, Calogero Virgone, le père de mon mari. C'est justement en se remémorant les paroles de son père lorsqu'il évoquait les prédications et les miracles du serviteur de Dieu, que mon mari Joseph Virgone a voulu réaliser une statue à la gloire de Padre Gioacchino en invoquant sa protection.

D'ailleurs, jusqu'aux ultimes jours de sa vie terrestre Padre Gioacchino continuait à accomplir encore des prodiges. La population ne se lassait pas de venir aux abords du couvent pour chercher une parole de réconfort ou tout simplement pour apercevoir sa silhouette.

• Angela Mannarà qui avait sa petite fille de quatre ans paralysée l'avait soulevée, criant avec foi : *Guérissez ma petite !*

Padre Gioacchino lui avait donné sa bénédiction en levant sa pauvre main tremblante depuis la fenêtre du monastère.

La petite avait alors sauté des bras de sa mère, à la stupéfaction de tous.

• À un autre moment, Padre Gioacchino avait reconnu parmi la foule une gamine qui était la fille de Salvatore Corsello et de Carolina Campagna son épouse. La mère de la petite était clouée au lit depuis trois ans par de l'arthrite et des rhumatismes aigus.

Padre Gioacchino avait fait signe à la petite Teresina et lui avait dit :

Teresina, va à ta maison et apporte-moi un peu d'huile.

À son retour, Padre Gioacchino avait béni la bouteille, l'avait rendue à la petite en demandant que l'on enduise la maman de cette huile.

Bien qu'un peu étonné, le papa avait suivi ce conseil. Après ce "traitement", l'infirme avait senti ses os craquer et la vie revenir dans ses articulations qui semblaient mortes.

Elle s'était levée, étirée et était parvenue à marcher.

Déjà, lorsque Padre Gioacchino était parti pour les missions, il avait laissé un vase en terre plein d'huile d'olive pure à sa mère Donna Eleonora, afin qu'elle en donne quelques gouttes à tous les malades. C'est d'ailleurs ce qu'avait écrit Padre Sena dans son manuscrit de 1935.

Padre Gioacchino, lui, opérait alors des prodiges de bonnes œuvres, de conversions et de guérisons d'âme et de corps dans les pampas (au Brésil).

Avec cette huile bénie, sa mère à Canicattì guérissait toutes sortes d'infirmités et, lorsque cette huile qui avait duré plusieurs années fut terminée, elle avait cassé le petit vase et l'avait réduit en poudre. Elle donnait alors cette poudre qui avait les mêmes vertus de guérir.

Comme son fils, cette mère avait œuvré jusqu'à la fin de ses jours pour soulager la misère humaine.

Et, pour servir Dieu, Padre Gioacchino avait, de mille manières, porté sa lumière sur les chemins du monde. Mais aujourd'hui, cette lumière faiblissait, vacillait. Elle n'était plus, désormais, qu'une faible lueur que le moindre souffle de l'Éternel pouvait éteindre.

Dix ans plus tôt, en 1895, le serviteur de Dieu avait écrit son testament spirituel :

Je recommande mon âme à Jésus-Christ crucifié, à la Sainte Vierge Marie, à mon Père Saint François, afin que par la miséricorde de Dieu, par les mérites de la Béate Vierge Marie et par l'intercession de mon Patriarche (Saint Joseph), soient pardonnés mes péchés, et ainsi, purifiée, mon âme aura la chance de retourner dans les mains du Créateur et Rédempteur comme je l'espère.

Et voici que “l’heure” arrivait.

Dans différentes poésies, Padre Gioacchino avait évoqué l’instant de ce départ vers le ciel.

... Quand viendra l’heure
Quand viendra le moment
Où nous aurons le bonheur
De t’aimer dans le ciel ?

Ou aussi,

... Déjà je suis prêt et j’attends le moment
De mourir dans un atroce tourment...

Le docteur La Vecchia avait donc un jour mis en garde le Supérieur du couvent sur l’éventualité d’une mort subite de Padre Gioacchino, compte tenu de la gravité de sa maladie.

Il était inquiet à la pensée que le serviteur de Dieu puisse mourir sans avoir reçu les derniers Sacrements.

Or, le Père Vincenzo Germano Confesseur de Padre Gioacchino était absent de Canicattì. Aussi c’est le frère Gioacchino de Campobello (chargé par le Père Gardien), qui lui avait suggéré de recevoir les Sacrements.

Padre Gioacchino lui avait répondu :

Ce n’est pas encore le moment ; avant que je meure, doivent arriver le père Ignazio de Polizzi Generosa et mon confesseur le Padre Vincenzo.

Le soir, Padre Sena lui aussi avait essayé de le persuader sans succès.

Mais, finalement, Padre Gioacchino avait accepté de se confesser avec le père Gardien (Padre Sena), car il avait confiance en lui. Et, le jour suivant, il avait reçu la Communion, mais pas en forme de viatique.

Quatre jours plus tard était arrivé son confesseur Padre Vincenzo Germano et alors le Serviteur de Dieu avait reçu tous les Sacrements : la Pénitence, l’Eucharistie, l’Extrême-Onction.

Avant de communier pour la dernière fois, il avait demandé pardon à tous en disant :

Je demande à tous pardon, car j’ai été un très grand pécheur scandaleux. Lorsque j’ai fait quelques observations, c’était parce que j’ai toujours vu les choses d’une autre manière, différemment de tous les autres, et pour ceci je demande à tous excuse et pardon.

Balbutiant quelques strophes du Miséréré, il avait demandé pardon à Dieu, puis récité le Confiteor et dit d'autres paroles émouvantes.

Tous ceux qui étaient présents pleuraient, pendant qu'ils pensaient tous :

Si lui est un pécheur scandaleux, qu'est-ce que je suis, moi ?

On peut imaginer combien pouvait être terrible pour les fidèles cette angoisse des derniers jours, des ultimes instants, ainsi que cette triste attente de l'annonce fatidique.

Mais, en même temps, chacun pouvait espérer sans se tromper qu'un chemin parsemé de fleurs allait conduire Padre Gioacchino jusqu'au Paradis. Pour tous ceux qui l'aimaient, il inspirait plus que jamais respect et dévotion.

Tous les actes glorieux de sa vie : charité, bravoure, assistance, sacrifices... (ô combien nombreux) étaient en fait une unique et infinie PRIÈRE s'élevant jusqu'au firmament.

Aussi, nul ne se résignait à "le laisser partir" sans avoir encore reçu de lui un regard, une bénédiction, une parole ou même tout simplement sans avoir pu l'approcher encore une dernière fois.

Le docteur La Vecchia et son neveu Don Nicolò La Lomia lui avaient demandé un souvenir.

Padre Gioacchino avait offert à chacun une photographie de lui-même, prise par le sourd-muet sur laquelle il avait écrit :

Aimons Dieu qui mérite d'être aimé.

Certains lui avaient amené un pain à bénir, d'autres un peu d'huile, ou encore des chapelets, beaucoup de chapelets au moment du rosaire.

Et Padre Gioacchino bénissait, bénissait toujours, renouvelant pour chacun le signe de la croix.

Le bon Père avait aussi reçu la visite de l'Archiprêtre Luigi La Lomia, ainsi que d'autres prêtres.

Il leur avait confié alors :

Je n'ai pas de peine à mourir, je suis seulement inquiet à la pensée de mourir étouffé.

Dans l'après-midi du 29 juillet 1905, Padre Gioacchino avait demandé humblement à être transporté devant le Saint Sacrement où il avait tant espéré mourir.

Mais, devant Jésus, il avait dit :

Je ne meurs pas encore...

et avait été ramené dans sa cellule.

Pourtant, dans le couvent et sur la place c'était l'affolement. Parents, notables du pays, prêtres, médecins, tous avaient afflué.

Pendant la nuit du 29 au 30 juillet, la foule plus nombreuse encore priait et pleurait en regardant vers la fenêtre où bientôt ils ne verraient plus leur vénéré "Patri Jachinu".

Le dimanche 30 juillet 1905, Padre Gioacchino avait encore pu dire :

Chers fils, demain je serai au Paradis, allez en paix, toutes les grâces sont accomplies, je vous bénis.

Il avait ensuite tracé le signe de la croix, cette croix au pied de laquelle il avait tant prié et s'était si souvent humilié.

Tout au long de sa vie, Padre Gioacchino avait porté sa croix, lestée de tous les péchés de l'humanité et aujourd'hui, pour lui, c'était l'heure de la "montée au calvaire".

En cette fin de soirée, le soleil commençait à décliner et les derniers rayons projetaient encore les lueurs d'une chaude journée d'été. Tout comme le soleil, cet astre immortel qui nous réchauffe, l'humble Père Capucin éclairait et réconfortait encore nos âmes et nos cœurs.

Mais l'instant était venu où il allait gravir la dernière marche le conduisant aux pieds du Créateur.

Dieu, déjà, lui tendait la main.

Dans la cellule, la "chandelle" était consumée et la lumière s'éteignait doucement.

Padre Ignazio de Polizzi récitait la prière des moribonds. Les religieux, qui étaient toujours restés présents ces derniers jours, étaient recueillis et agenouillés autour du lit.

La famille, les amis, les personnalités de la ville avaient envahi le couvent pour rendre un dernier hommage au mourant. Dehors, les fidèles récitaient le rosaire en pleurant et en gémissant.

Padre Gioacchino agonisait. Ses yeux vitreux ne voyaient plus et le râle de la mort avait envahi son corps.

Le serviteur de Dieu était arrivé au terme de sa longue et pénible route de pèlerin. Chaque jour ce chemin s'était resserré pour n'être plus qu'un étroit sentier bordé de ronces, d'orties et d'épines.

Mais le pèlerin venait enfin d'apercevoir une éblouissante lumière qui l'attirait et l'enveloppait d'une douce torpeur.

C'était la fin de son voyage terrestre.

Padre Gioacchino, en ce dimanche 30 juillet 1905 à vingt heures, ainsi qu'il l'avait prédit, venait de s'endormir dans la Paix, dans les bras du Seigneur.

Dieu était venu à sa rencontre
Dieu venait de l'emmener.

Et, en regardant vers les étoiles, certains ont pu voir un arc-en-ciel sous lequel passait Padre Gioacchino, soulevé par des Anges le guidant jusqu'aux splendeurs du Paradis.

Les Serviteurs de Dieu le serviront et verront son visage, et son nom sera sur leur front. Et il n'y aura plus de nuit, et ils n'auront pas besoin de lampe, ni de la lumière du soleil, parce que le Seigneur Dieu les éclairera, et ils règneront dans les siècles des siècles[1].

1) Ap 22 : 4-5

Padre Gioacchino et les Anges

3. Funérailles

Dans une poésie pour sa regrettée sœur Concetta, cette colombe bénie de Dieu, Padre Gioacchino avait écrit :

Fais que vite j'arrive aux portes de la belle maison céleste.

L'humble père, poète de la sainteté, en avait maintenant franchi le seuil et il se trouvait désormais dans ce jardin où chaque fleur était éternelle et où le chant des oiseaux était divin.

Ce fils de la pauvreté venait donc de laisser sa chère terre de Sicile pour le ciel, à l'âge de soixante-quatorze ans.

L'heure du glas avait sonné. Il fallait se résoudre à annoncer que Padre Gioacchino Fedele était retourné vers le Père céleste.

Aux prières et aux larmes des fidèles s'ajoutaient maintenant des cris désespérés qui déchiraient le ciel. Dans l'air résonnaient les profonds soupirs et les plaintes. Le peuple était là, prostré, invoquant miséricorde.

La triste nouvelle de la mort de Padre Gioacchino s'était répandue, rapide comme l'éclair, dans toute la Sicile qui déjà ces jours derniers était tenue informée par les journaux, de la fin imminente du bon Père Capucin.

Le lendemain matin, 31 juillet 1905, la foule était arrivée par convois entiers avec les premiers trains venant de Palerme, de Girgenti, de Caltanissetta.

Un imposant service d'ordre avait été prévu et mis en place par les autorités de sécurité publique. En plus des carabiniers et des gardes de la ville, une compagnie de soldats d'un régiment d'infanterie basée à Canicattì leur avait prêté main forte. Tous avaient beaucoup de travail à accomplir. Les gardes à cheval étaient au milieu de la foule ; l'infanterie s'était disposée en cordon devant l'église de la "Madonna della Rocca", contiguë au couvent, pour en régler l'accès afin que tout se passe dans le calme et l'ordre.

La dépouille du vénéré père reposait au pied de l'autel dans un humble cercueil éclairé par quelques bougies.

Sa tête était couverte du "capuchon" et ses pieds étaient nus, sans ses sandales qu'il avait tant usées le long des routes.

La mort n'avait pas affecté sa physionomie. Son visage émacié, malgré sa pâleur, avait gardé toute sa douceur et sa sérénité.

On aurait même pu penser que Padre Gioacchino allait se lever une dernière fois pour donner sa Sainte Bénédiction à ses chers frères. Les fidèles, par petits groupes, pouvaient entrer par la porte de l'église pour se recueillir devant la dépouille. Ils tournaient ensuite par la sacristie avant de sortir par la porte principale du couvent.

Ce n'était qu'à contrecœur que les fidèles se séparaient de lui.

Ils n'arrivaient pas à détacher leur regard de ses traits, lui embrassant encore et encore les mains.

Dans toute l'église de la "Madonna della Rocca", ce n'étaient que sanglots, pleurs et lamentations en voyant le pâle visage au milieu des noires draperies du Catafalque.

En début de matinée, le maire Chevalier Diego Gangitano était venu lui aussi voir la dépouille mortelle et s'était mis à la disposition des pères Capucins, selon leurs besoins éventuels.

À onze heures et demie, la porte de l'église de la "Madonna della Rocca" avait été refermée.

Nombreux étaient encore ceux qui n'avaient pu s'approcher du cercueil de l'ami du peuple.

Stoïquement, ils avaient dû attendre sous le soleil torride de juillet en Sicile, que soit à nouveau ouverte cette porte.

Toute l'après-midi, de quatorze à dix-huit heures et demie, il y avait eu un pèlerinage incessant de plusieurs dizaines de milliers de personnes, jusqu'à ce que l'accès de l'église soit à nouveau interrompu et interdit.

En cette soirée du 31 juillet 1905, le docteur Antonino Sciascia avait alors procédé avec grande dévotion à l'embaumement du corps du défunt père.

Il avait été aidé dans cette pénible et douloureuse tâche par le docteur La Vecchia et Nicolò La Lomia.

Sur un parchemin, déposé près de la dépouille étaient écrites en latin des indications concernant l'état civil de Padre Gioacchino La Lomia (Gaetano dans le siècle), fils de Nicolò et Eleonora La Lomia.

L'éloge de son rude parcours religieux et de plus de cinquante années d'Apostolat au service de Dieu et de son prochain y était aussi mentionné.

L'enterrement de Padre Gioacchino Fedele allait avoir lieu le 1er août 1905.

Mais, une grande agitation régnait parmi la foule. En effet, les fidèles souhaitaient ardemment et avec insistance, que leur vénéré père soit inhumé dans l'église de son cher couvent de Canicattì. Ils ne voulaient pas et n'acceptaient pas qu'il soit enterré au cimetière.

La cérémonie prenait du retard.

L'Archiprêtre La Lomia avait cependant réussi à calmer le peuple en disant avec de nobles paroles que Padre Gioacchino ne méritait pas l'insulte d'être conduit au cimetière de nuit.

Il avait aussi expliqué qu'il n'était pas possible dans l'immédiat de se soustraire à la loi commune, mais qu'avec la coopération de tous on pourrait peut-être obtenir sa sépulture dans l'église.

Aussi, en ce 1er août 1905, à dix-huit heures, un impressionnant cortège funèbre partait finalement de l'église des Capucins, cette belle église de la “Madonna della Rocca”, pour transporter la dépouille mortelle de Padre Gioacchino jusqu'au cimetière.

Tous les commerces, toutes les échoppes étaient fermés en signe de deuil.

La foule était partout dans la ville, sur les balcons, les terrasses et la circulation dans les rues était impossible, bien qu'à l'époque il n'y avait que des voitures à cheval.

Il y avait même la mère de la petite Teresina qui, pendant trois ans était restée clouée au lit par des rhumatismes aigus et que Padre Gioacchino avait miraculeusement soulagée avec son huile bénie quelques jours auparavant.

Cette femme allait d'ailleurs l'accompagner aussi jusqu'au cimetière.

En tête du cortège, la musique de la cité était suivie des sociétés avec leurs drapeaux, puis le “Boccone del Povero” (la bouchée du pauvre) et les œuvres de bienfaisance.

Il y avait aussi diverses ligues dont celle des maréchaux-ferrants avec toutes les couronnes, les Congrégations religieuses, les Ordres réguliers et les nombreux membres du Clergé.

Le cercueil, recouvert de velours, était porté sur les épaules par les nobles du pays et entouré d'une compagnie de soldats pour lui rendre les honneurs militaires.

Suivait ensuite le peuple, cette énorme foule de cent mille personnes, ainsi que l'a précisé Padre Sena et en fin de cortège la “Carrozza” transportant les fleurs et les couronnes mortuaires.

Sur la place, une allocution avait été prononcée par le prêtre Giuseppe Pagano et l'avocat Marco Testasecca au nom de la famille.

Après trois heures de parcours, la dépouille rejoignait finalement le cimetière. Puis, après avoir reçu la bénédiction du Gardien des Capucins et l'ultime absolution par le père Ignazio de Polizzi, elle fut déposée dans la noble chapelle des Barons La Lomia.

• Pendant que le cortège funèbre passait dans les rues de la ville, une mère de famille du quartier Saint Biagio, désolée d'avoir sa fillette totalement paralysée et alitée, avait commencé à crier en pleurant :

Padre Gioacchino, je vous confie ma fille ; faites-moi cette grâce : maintenant que vous êtes au Paradis, guérissez ma petite fille.

À cet instant, narre Padre Vincenzo, rentrée à la maison elle avait trouvé la fillette complètement guérie, qui marchait seule. Elle l'avait fait sortir au milieu de la route où il y avait beaucoup de personnes qui regardaient émerveillées et surprises.

La miraculée de quatre ans s'appelait Rosina Firlisi de Luigi de Canicattì ; paralysée, elle ne pouvait se bouger puisque née ainsi.

Tous ceux qui la connaissaient, la voyant marcher, avaient crié au prodige et le bruit du miracle allait se répandre dans toute la ville.

• Et, toujours pendant que se déroulaient les funérailles de Padre Gioacchino, une jeune fille de Canicattì malade s'émerveillait de voir tout ce peuple qui l'accompagnait à sa dernière demeure, tout en pensant cependant :

Padre Gioacchino a sans doute besoin d'aide car personne pense en ce moment à son âme, tout le monde l'estimant Saint.

Aussi, elle avait récité à son intention le rosaire et autres prières.

Puis, elle avait entendu taper à la porte et un frère Capucin était entré. La pièce était alors devenue lumineuse. La voyant effrayée, le frère lui avait dit :

N'aie pas peur, je suis Padre Gioacchino.

Il lui avait reproché son peu de foi, tout en la remerciant pour ses intentions. Puis, il s'était élevé de terre en bénissant et la vision avait disparu.

De son vivant, lorsqu'il s'adressait à Dieu ou à la Sainte Vierge Marie, Padre Gioacchino leur demandait :

Faites-moi faire une belle mort pour chanter vos miséricordes éternellement dans le ciel.

Que dans le bref voyage je ne me perde pas dans le rude chemin...

Le serviteur fidèle aurait bien voulu mourir en martyr, comme il l'avait souvent souhaité, mais il estimait ne pas en avoir été digne.

Pourtant, les funérailles grandioses de ce ministre de la charité étaient bien une offrande extraordinaire du peuple.

Cet hommage solennel prouvait encore combien était grande l'estime portée à Padre Gioacchino et combien étaient nombreux ceux qui croyaient en ses mérites surnaturels.

Aussi, sa disparition ne pouvait mettre un terme à l'amour et à la vénération que tous lui témoignaient. Padre Gioacchino ne nous avait pas quittés. De la voûte céleste, il allait continuer à faire pleuvoir des grâces, et à porter un regard protecteur sur chacun de nous.

Cependant, cette séparation était fort cruelle et douloureusement ressentie par la population. Après l'enterrement, le retour dans chaque foyer s'était effectué dans une profonde tristesse.

L'être cher manquait à la table. On ne le verrait plus, on ne l'entendrait plus.

Chaque famille avait perdu : le PÈRE.

Padre Antonino de Castellammare, Provincial des Capucins de Palerme écrivait à Padre Vincenzo Sena Gardien du couvent de Canicattì.

Donc, s'est éteint l'ultime astre lumineux de la Province.

Nous n'étions plus dignes de l'avoir avec nous...

CHAPITRE X

La translation

1. Translation

Avec la mort et les funérailles de Padre Gioacchino, certains pourraient penser que “la dernière page d'amour” venait de se tourner, que l'histoire de sa vie était terminée et que le livre de son Apostolat pouvait être refermé.

Ceux-là, alors, seraient totalement dans l'erreur. En effet, bien que cet immense élan d'amour pour le serviteur de Dieu avait été spontané et fervent, ce n'était point un engouement passager qui, avec le temps, s'effrite et tombe dans l'oubli.

Non, cette flamme, cette lumière, était comme celle du Saint-Sacrement, elle ne devait jamais s'éteindre.

Même après les cérémonies funèbres, la population avait continué à réclamer le transfert du corps de Padre Gioacchino. La population insistait toujours pour que leur cher père repose enfin dans l'église de la “Madonna della Rocca”.

Aussi le 4 août 1905, Padre Vincenzo Sena Gardien et Supérieur du couvent avait formulé une requête en ce sens auprès du Ministère compétent.

Hélas, la réponse avait été négative en invoquant des raisons d'hygiène.

À Canicattì, au cimetière, la tombe familiale des Barons La Lomia était devenue un lieu de pèlerinages ininterrompus pour l'humble père, symbole de la foi de tout un peuple

L'érosion du temps n'avait donc aucune emprise sur la constance et la fidélité de ceux qui croyaient en la protection du père Capucin.

Pour le premier anniversaire de la mort de Padre Gioacchino, Padre Giuseppe Raimondo des frères Mineurs avait écrit dans "Sicile séraphique", ces paroles :

Après un an, le peuple de Canicattì garde toujours vive la mémoire du père Gioacchino La Lomia, de l'homme de Dieu, qui, avec sa vie sainte et pleine de charité, fut lustre et décor de son pays natal...

Et, pour la circonstance, fut publié aussi un feuillet à l'effigie de Padre Gioacchino.

À la chère et vénérée mémoire de Padre Gioacchino La Lomia qui, aux grandeurs et à la noblesse du siècle, préféra les pures joies de la pauvreté, fit sa gloire d'évangéliser les pauvres et les humbles. Les citoyens de Canicattì, en souvenir de l'anniversaire de sa mort renouvèlent l'hommage fidèle de dévotion et d'affection.

Une cérémonie commémorative avait été célébrée à l'église de la "Madonna della Rocca" par les pères Capucins, les frères Mineurs et les religieux Agostiniens.

Puis, un pèlerinage était parti du couvent pour se rendre jusqu'au cimetière au son des cloches qui apportaient vers le lointain les louanges de la sainte mémoire de Padre Gioacchino.

Les années allaient passer. Le souvenir restait. Le culte des morts prenait ici une nouvelle dimension. Ce n'était plus la simple visite à une tombe sur laquelle on dépose un bouquet de fleurs pour le défunt, en faisant le signe de la croix après une courte prière. C'était une communion perpétuelle de milliers de pèlerins qui venaient de par le monde confier à Padre Gioacchino les secrets, les douleurs et les espoirs de leur existence.

La vie exemplaire de ce père Capucin avait été un monument de vertus et cette stèle était inaltérable dans les mémoires. Cependant, le désir du peuple demeurait toujours insatisfait, le transfert de la dépouille du vénéré père n'ayant pas été accepté. Cette situation, malgré les années n'avait pas évolué et s'éternisait. Les difficultés administratives paraissaient toujours insurmontables et il manquait la ténacité d'un homme décidé pour faire aboutir le dossier.

C'est le père Vincenzo de Polizzi qui allait bientôt s'atteler à cette tâche et en faire son propre devoir et idéal.

Venu pour quelques jours au couvent de la "Madonna della Rocca", il avait été très ému d'entendre mille louanges sur le regretté Padre Gioacchino et navré d'apprendre que la population attendait toujours désespérément une solution favorable à leur souhait de transfert.

Fort heureusement, la Providence veillait. Le père Vincenzo, après s'être éloigné de Canicattì, était revenu au couvent pour y rester à demeure. Il s'était donc promis d'obtenir cette translation. Étaient concernés la municipalité, le préfet et le gouvernement. Il fallait donc, coûte que coûte, leur faire comprendre tout le bien-fondé et l'importance religieuse et sociale de cette demande.

Padre Vincenzo de Polizzi pouvait réussir car il voulait ardemment honorer Padre Gioacchino, l'Ordre des Capucins et la ville de Canicattì.

Il allait entreprendre des démarches à Palerme, à Caltanissetta et contacter des personnes influentes, des députés, enfin tous ceux qui étaient susceptibles de le soutenir dans cette action.

Puis, le 23 juillet 1910, Padre Vincenzo de Polizzi avait écrit à son Excellence le Ministre de l'Intérieur à Rome.

Il mettait en évidence l'argumentation décisive avec laquelle l'avocat Giovanni Guarino Amella, député au Parlement national et membre du Conseil communal à Canicattì avait vaincu tous les bavardages futiles des conseillers opposés à la translation.

Dans sa requête, il demandait l'exhumation de la dépouille de Padre Gioacchino La Lomia, de la chapelle baronale et son transfert à l'église pour y être déposée dans un tombeau, construit selon les normes de l'hygiène moderne.

Il expliquait ensuite que Padre Gioacchino méritait bien cet honneur spécial en raison tout d'abord de sa vie sainte, de ses œuvres humanitaires et apostoliques de missionnaire, de ses prodiges de charité, de générosité et de ses valeurs héroïques comme Aumônier des troupes impériales de "Don Pedros", pendant la guerre entre le Brésil et le Paraguay.

Dans cette longue et belle lettre, Padre Vincenzo donnait encore maintes précisions sur les innombrables mérites du serviteur de Dieu, parlant également de la grande estime que sa Majesté l'Empereur lui avait témoignée en le décorant.

Enfin, il insistait sur le fait que lors des funérailles de Padre Gioacchino, en 1905, les forces de l'ordre avaient dû intervenir tellement la population était désireuse de "garder" son vénéré père dans sa chère église.

Depuis cinq ans, le peuple entier n'avait jamais cessé de protester, réclamant toujours la bien-aimée dépouille.

Padre Vincenzo de Polizzi, au nom de toute la communauté religieuse de la “Madonna della Rocca”, terminait sa requête en espérant que ce précieux vœu populaire se réaliserait bientôt par l’obtention de l’indispensable décret.

La famille de Padre Gioacchino La Lomia avait établi et signé une déclaration qui autorisait, avec leur plein consentement, le transfert du corps de Padre Gioacchino du cimetière communal vers l’église des pères Capucins, en priant son Excellence (le Ministre de l’Intérieur) d’émettre le décret.

Une vive instance signée par des notables, des personnes importantes, priait également son Excellence de réserver un bon accueil à la lettre, en sollicitant aussi le décret d’approbation.

Une délibération du Conseil sanitaire de la province de Girgenti, une autre du Conseil communal de Canicattì prouvaient les hauts mérites de Padre Gioacchino, ainsi que de nombreux certificats, documents de notaires, authentifiés par le Tribunal de Girgenti.

Il n’y avait donc plus qu’à attendre une réponse des autorités ministérielles.

De Rome, le 15 octobre 1910, un courrier du Ministre précisait :

Décret

Vu la demande de la communauté religieuse de l’église de la Madonna della Rocca de Canicattì...

Étant retenu que, d’après les actes produits et les informations jointes, il en résultait de justes motifs pour honorer la mémoire du défunt en particulier pour son inépuisable charité et pour son ardent amour de la patrie...

Considérant qu’afin d’éviter tout danger pour l’hygiène et la santé publique l’enterrement de la dépouille se fera selon la garantie du règlement de police mortuaire.

Décrète

Est autorisé l'enterrement dans l'église de la Madonna della Rocca à Canicattì, de la dépouille de Padre Gioacchino La Lomia, décédé à Canicattì le 30 juillet 1905 et actuellement inhumé dans le cimetière de Canicattì.

Lors de l'enterrement susdit seront observées les normes établies par le règlement de police mortuaire cité et celles indiquées dans la délibération rappelée ci-dessus du Conseil provincial sanitaire.

La présente concession est liée au paiement de la taxe (L. 366) sur les concessions gouvernementales, suivant les dispositions en vigueur.

Le Préfet de la province susdite est chargé de l'exécution du présent décret.

Pour le Ministre...
Signé : Lutrario

Pour le Directeur chef de la division
Signé : Lucari

Le secrétaire : Belli

Dès l'obtention du décret autorisant la translation de la dépouille de Padre Gioacchino, Padre Vincenzo de Polizzi s'était empressé d'écrire aux plus importantes personnalités de la ville. En résumé, il leur disait que le vœu de la population était désormais un fait accompli. Cependant, afin qu'il devienne vraiment effectif, il était nécessaire de recueillir de l'argent pour préparer une chapelle et un sarcophage, ainsi que l'imposait la loi sanitaire et l'hygiène publique.

À cet effet, il leur proposait de faire partie d'un comité qui avait commencé à se constituer sous la présidence du Chevalier Ugo La Lomia. Une réunion était prévue dans son palais, place Saint Domenico.

Dans le numéro unique, diffusé pour annoncer que le décret pour la translation avait été obtenu, il était précisé que ce comité était bien sûr ouvert à tous. Il fallait qu'il soit apolitique, sans restrictions d'opinions, de croyances ou de conditions. Son seul but devait être d'honorer solennellement Padre Gioacchino dans un grand élan d'affection afin de rendre plus importante et enthousiaste la réussite de la translation.

Le comité allait donc se constituer définitivement.

Comité général (Présidents honoraires)

- Monseigneur Bartolomeo Lagumina Évêque du diocèse de Girgenti (Agrigente).
- Monseigneur Antonio Intreccialagli Évêque du diocèse de Caltanissetta.
- Honorable Commandeur Cesare Gangitano du collège de Canicattì.
- Honorable Conte Ignazio Testasecca du collège de Caltanissetta.
- Très illustre Commandeur Salvatore Lombardo Maire de Canicattì.
- Baron Salvatore La Lomia Président effectif.

Baron Gioacchino La Lomia - Baron Ignazio La Lomia Bordonaro - Baron Gaetano Adamo - Chevalier Ferdinando La Lomia - Chevalier Ugo La Lomia - Monsieur Nicolò La Lomia - Chevalier Ignazio Caramazza - Chevalier Vincenzo Gangitano - Chevalier avocat Nicolò Dell'Aira - Chevalier Enrico Gangitano - Chevalier Gaetano Bartoccelli - Chevalier Nicolò Lombardo Caramazza - Commandeur docteur Antonino Sciascia - Ingénieur Salvatore Livatino.

Clergé :

Très Révérend Don Luigi La Lomia, Archiprêtre, Très Révérend Don Vincenzo Germano, Vicaire extérieur - Révérend père Antonio Musso, Gardien des Frères Mineurs - Révérend père Agostino Capizzi, Recteur des Agostiniens - Padre Vincenzo de Polizzi.

Comité exécutif

Chevalier Ugo La Lomia - Président et caissier.
Chevalier Alessandro La Lomia - Vice-président.
Père Vincenzo de Polizzi - Secrétaire.
(Pour abréger, tous les membres du comité n'ont pas été mentionnés, étant plus d'une centaine).

L'enthousiasme pour la prochaine et nouvelle sépulture de Padre Gioacchino grandissait chaque jour un peu plus. Le comité avait fait imprimer à dix mille exemplaires un "Numéro unique" reproduisant le portrait de l'humble père Capucin et le décret ministériel. Ainsi, même les personnes éloignées allaient être informées.

Cependant, à cet événement, le Brésil ne pouvait pas manquer d'être représenté. Aussi Padre Vincenzo de Polizzi avait envoyé à l'Ambassadeur du Brésil auprès du Vatican à Rome, une longue lettre retraçant fidèlement et avec beaucoup de précisions les longues années d'apostolat de Padre Gioacchino, dans une patrie qui n'était pas la sienne.

Dans ce courrier du 1er août 1911, il avait tout d'abord évoqué l'héroïsme, l'abnégation et le dévouement de l'humble père. Aumônier des troupes impériales, pendant la guerre entre le Brésil et le Paraguay, il avait bravé les mille dangers des canons et de la mitraille. Sur les champs de bataille, il n'avait pas épargné ses forces pour prêter aide et assistance aux mourants, panser et porter les blessés.

En Ministre de l'Évangile, il avait été un courageux missionnaire auprès des sauvages des forêts vierges, en leur apportant une instruction civile et religieuse.

Padre Vincenzo de Polizzi faisait aussi valoir que seule l'ardeur d'une grande foi avait permis à Padre Gioacchino de surmonter ses souffrances physiques, la faim, la soif, le climat, les périls, les persécutions...

Enfin, si l'Italie et en particulier la Sicile, s'apprêtait à lui rendre des honneurs solennels, le Brésil devrait lui aussi apporter sa contribution de reconnaissance à cet illustre Capucin.

Le père Vincenzo terminait sa lettre à l'Ambassadeur en espérant que son gouvernement pourrait concéder une "oblation" pour ériger un monument au héros et bienfaiteur du Brésil.

Il précisait également que de nombreuses personnes seraient présentes pour la translation de la dépouille mortelle : Députés du Parlement italien, Évêques, Maire de Canicattì, personnalités de Girgenti, de Caltanissetta et de toute la Sicile.

Enfin, il priait instamment l'Ambassadeur pour qu'il obtienne de son gouvernement que soit présent un représentant du Brésil lors de cette cérémonie prévue pour le 22 octobre 1911.

Suite à cette lettre, quelques jours plus tard, le 24 août 1911, le conseiller Carlo Azeredo de la Légation du Brésil auprès du Saint-Siège à Rome, lui avait répondu qu'il s'était empressé de transmettre cette demande à son gouvernement et qu'il le tiendrait au courant de sa réponse.

Afin d'offrir à cet événement exceptionnel une solennité digne des mérites du missionnaire Capucin, l'annonce de l'obtention du décret ministériel avait été diffusé dans toute la Sicile.

Les cérémonies qui se préparaient devaient rester un souvenir impérissable, à jamais gravé dans l'âme et le cœur de tous ceux pour qui la mémoire de Padre Gioacchino était sacrée.

Cette attente du peuple allait se concrétiser par un hommage digne, inoubliable, émouvant, célébré dans l'enthousiasme pour la glorification du serviteur de Dieu et son retour dans sa chère église de la "Madonna della Rocca".

Aussi, lors de ses réunions, le comité avait décidé la création d'un monument à la mémoire du père des pauvres.

Le projet fut mis à l'étude et soumis à divers artistes en vue de sa réalisation.

Des esquisses de la chapelle, de son architecture, du sarcophage, devaient permettre d'avoir une idée du concept de l'ensemble du mausolée.

Finalement, l'exécution de cet important monument funéraire, de style classique et d'une austère sobriété, fut confiée à différents artistes :

– Les frères Salvatore et Calogero Lombardo allaient se charger de la partie architecturale et du marbre.

– Antonio Frangiamone, étudiant à l'Institut Supérieur des Beaux-Arts à Rome de la partie sculpture.

Puis, il sera fait appel au professeur Leopoldo Messina de Palerme pour la sculpture du haut-relief représentant le visage de Padre Gioacchino sur le tombeau.

Simple, classique, solennel... Tels avaient été les critères pour ce monument qui, une fois terminé, s'était avéré parfaitement réussi, et digne de participer au triomphe de Padre Gioacchino.

L'urne en pierre de Billiemi était soutenue par quatre pattes de griffons en bronze antique, posée sur un socle revêtu de granit de Segesta.

Contre le mur du fond de la chapelle, une pierre tombale était placée entre deux colonnes surmontées de deux chapiteaux coniques. Quant aux différents marbres employés pour l'exécution du monument, ils étaient tous des carrières de Sicile.

D'abord prévue pour le 22 octobre 1911, la translation allait être reportée au 21 avril 1912 pour des raisons sanitaires.

Une lettre du comité, en date du 20 mars 1912, donnait quelques précisions aux nombreux fidèles, sur le prochain déroulement de la translation. Des portraits de Padre Gioacchino, ainsi qu'une biographie avaient été réalisés et seraient proposés en souvenir pour couvrir les frais du monument.

La présence de nombreuses hautes personnalités des deux provinces (Girgenti et Caltanissetta) était attendue ; mais le comité espérait aussi la participation du Ministre général des frères Mineurs Capucins, ainsi que la représentation du Gouvernement brésilien.

À ce sujet, Bruno Chaves l'envoyé extraordinaire du Ministre Plénipotentiaire du Brésil auprès du Saint-Siège à Rome allait informer le père Vincenzo de Polizzi de l'envoi de mille lires comme contribution du Brésil pour le monument du très vénéré missionnaire. Enfin, il chargeait le père de lui indiquer une personne compétente pour le représenter.

Mais, avant la cérémonie, il fallait d'abord qu'ait lieu l'exhumation du corps du cher défunt.

Aussi, afin d'éviter une affluence de gens au cimetière, le père Vincenzo de Polizzi le matin du 18 avril 1912 avait fait semblant de se rendre à la gare. Puis, par un chemin détourné, il avait rejoint discrètement le cimetière.

Avec la même réserve, l'office sanitaire avait été prévenu, ainsi que des ouvriers et des gardes à cheval pour interdire l'accès du "Camposanto".

Ces quelques personnes "privilégiées" allaient assister, en raison de leurs obligations, à la précieuse exhumation. Leurs pensées étaient sans doute mêlées d'émotion, d'impatience, d'inquiétude et de tristesse.

Revoir le vénéré père !...

L'attente de ce moment devait être éprouvant et insupportable et les cœurs devaient battre plus rapidement encore.

Puis de la chapelle baronale de la famille La Lomia, avait été exhumé le cercueil où, depuis déjà sept ans, reposait Padre Gioacchino.

La "mise au tombeau" avait eu lieu le 1er août 1905 et, en ce jour du 18 avril 1912, Padre Gioacchino venait en quelque sorte de ressusciter pour les vivants.

On pouvait à nouveau le voir et même le toucher.

Avant que soit refermé le nouveau cercueil vitré où avait été déposé, avec émotion et respect, le corps de l'humble père, Padre Vincenzo de Polizzi avait eu soin d'essuyer avec un mouchoir blanc le visage de Padre Gioacchino.

Désormais, ce serait son cher trésor.

Malgré les précautions et le caractère secret qui avaient entouré cette cérémonie, des rumeurs s'étaient vite répandues en ville et il avait fallu toute la persuasion des gardes pour interdire à la foule qui était accourue, d'entrer dans le cimetière.

Pourtant, le jour glorieux approchait.

Son Excellence le Révérendissime Monseigneur Don Gaspare Bova, Évêque titulaire de Samaria et auxiliaire de son Eminence le Cardinal Lualdi Archevêque de Palerme était arrivé le 20 avril à quatorze heures à Canicattì. Émue et reconnaissante de sa complaisance, une grande foule s'était rendue à la gare pour l'accueillir pendant que toutes les cloches de la ville carillonnaient en son honneur.

Presque tout le Clergé et le Comité étaient représentés ainsi que la population de Canicattì, pleine de sollicitude à son égard.

De nombreux "carrosses" de personnalités l'avaient accompagné jusqu'au couvent des Capucins où il allait être hébergé car le comité l'avait aussi invité pour le pontifical qui devait avoir lieu le 22 avril à l'église Madre.

Dimanche 21 avril 1912, premier "Grand Jour".

En effet, le transfert du défunt père allait se dérouler en deux journées :

– la première, du cimetière à l'église Madre,

– la deuxième, de l'église Madre à l'église de la Madonna della Rocca.

Pour honorer la mémoire de l'humble père, deux jours de gloire se préparaient. "Son église" s'apprêtait à le recevoir, et elle avait tant attendu ce jour bénit !...

Déjà, toute la nuit de samedi à dimanche, les gens étaient arrivés des pays voisins, à pied, à cheval sur des charrettes ou avec le train par wagons complets. Le matin, les quatre lignes ferroviaires desservant Canicattì avaient amené plusieurs milliers de pèlerins enthousiastes.

Toutes les voies menant au cimetière étaient maintenant inondées et submergées par cette marée humaine, impatiente de revoir le cher père. Le spectacle était indéfinissable tellement il était démesuré et grandiose. Il y avait tant de foi, d'espoir et de sentiments dans les âmes de ces fidèles. Ils avaient tellement d'empressement à porter en triomphe la mémoire du serviteur de Dieu. Tous attendaient dix heures et demie, l'heure si espérée de la translation.

Pouvoir approcher encore une fois de la sainte dépouille serait un privilège, un bonheur inoubliable et l'espoir de recevoir encore, au-delà de la mort, une bénédiction.

Les grilles du cimetière venaient de s'ouvrir.

En ce dimanche 21 avril 1912, Padre Gioacchino quittait ce lieu de silence et de prières, ce "Camposanto", ce champ saint, ainsi appelé en Italie.

Son corps embaumé reposait solennellement dans l'urne vitrée.

Quatre prêtres et des frères laïques Capucins portaient sur leurs épaules cette vénérable dépouille. Mais, très rapidement, le cercueil avait dû être abaissé et porté à la main, afin que le peuple puisse apercevoir à travers la vitre le visage du père.

Alors, une allégresse nouvelle avait soudain envahi et parcouru la foule, se propageant au lointain comme un écho : *Padre Gioacchino s'avançait !*

Le cortège venait de se mettre en route. Quatre gardes à cheval ouvraient la marche. Des carabiniers étaient chargés de maintenir l'ordre, ainsi que les services de sécurité de la ville et ils avaient beaucoup de mal à tenir la foule (estimée à quarante mille personnes), à distance raisonnable.

Parmi le cortège se trouvaient de nombreux représentants des associations avec leurs drapeaux. Toutes les hautes autorités ecclésiastiques étaient présentes. Il y avait les pères Capucins avec le Ministre Provincial le père Antonino de Castellammare, les pères Agostiniens, les Frères Mineurs, le Clergé, Monseigneur Bova, Évêque de Samaria et Monseigneur Amato Vicaire général du diocèse de Girgenti, le père Vincenzo de Polizzi ; le délégué du Préfet le Chevalier Cornetta les accompagnait.

Derrière le cercueil suivaient les autorités civiles, militaires, politiques, le représentant de la commune le Maire Diego Gangitano, le Commissaire Chevalier Cera représentant le Ministre du Brésil et le Préfet de Girgenti, le Commandant Salvatore Sferrazza, le Baron La Lomia et tous les membres de la noble et illustre famille de Padre Gioacchino.

La procession qui accompagnait la dépouille de Padre Gioacchino La Lomia, bien qu'exceptionnelle par son importance, se déroulait dans le plus grand recueillement et respect, avec une émotion indicible.

La vénération du peuple pour la mémoire de l'humble père atteignait son paroxysme.

Afin de suivre et surtout de pouvoir apercevoir l'urne vitrée et sacrée, la foule était disséminée dans tous les alentours. Les champs étaient piétinés et dévastés. Toutes les rues, les places, les balcons, les murs ou les terrasses étaient "assiégés".

L'hommage rendu à l'humble père Capucin était grandiose. Les gens étaient partout. Certains avaient même grimpé dans les arbres ; d'autres étaient accrochés aux lampadaires de la ville.

Les enfants, juchés sur les épaules de leurs parents, participaient eux aussi à la cérémonie.

Un jour, ils évoqueront peut-être ces souvenirs, les transmettant à d'autres générations.

L'émotion était profonde. La musique de la Cité avec ses marches funèbres, le chant triste et douloureux des prêtres, le tintement lugubre des cloches, le rituel du deuil, rendaient encore plus pathétique la procession. Néanmoins, le peuple était très heureux. Ce n'était pas un enthousiasme incontrôlé ou dérangeant. Les fidèles étaient tout simplement apaisés et rassérénés.

Padre Gioacchino revenait parmi eux.

Après l'arrivée du cortège place Umberto Ier, les prêtres Giuseppe Pagano et Giglio avaient rendu hommage, par une allocution particulièrement émouvante, à la dépouille de Padre Gioacchino, cet homme aimé de tous.

Le peuple, venu parfois de très loin, avait été remercié pour sa ferveur. Cet élan spontané étonnait et réconfortait à la fois, survenant après une longue période pendant laquelle l'Église avait connu des temps amers.

Aujourd'hui, sept ans après sa mort, Padre Gioacchino traversait solennellement la ville, reposant dans son urne vitrée, comme ce Christ lors des processions du Vendredi Saint après les cérémonies de "descente de croix", au calvaire de Canicattì.

Par son amour et son exemple, Padre Gioacchino avait su reconstruire l'Église en déroute.

Et, en ce matin du 21 avril 1912, le vénéré père rassemblait encore et entrainait la foule avec lui jusqu'à la "Madonna della Rocca".

Le cortège funèbre était ensuite arrivé rue Galilei et s'était arrêté sous les balcons du Palais La Lomia qui, grâce aux pères Capucins et aux bienfaiteurs, fut restauré dans les années 2000.

Tous les yeux des pèlerins s'étaient levés vers cette maison qui avait vu naître et grandir le petit Gaetano. Il allait devenir Padre Gioacchino Fedele, le père Capucin, le prêtre modèle, le missionnaire, l'apôtre et aussi le Saint homme.

En reconnaissance de l'œuvre prodigieuse, de Padre Gioacchino et aussi avec une légitime fierté, la famille La Lomia avait jeté des brassées de fleurs sur le cercueil de leur illustre ancêtre.

Désormais, on peut voir une plaque commémorative scellée contre le mur de cette maison natale, apposée le 4 mars 1950 par les parents La Lomia pour transmettre à la postérité la renommée des vertus chrétiennes de Padre Gioacchino, honorant ainsi l'illustre "tronc".

La procession avait continué son parcours en passant devant la belle église des Agonisants qui mériterait elle aussi d'être restaurée, le temps et les mouvements du sol ayant lézardé ses murs.

[Et, autre coïncidence, en 1998 nous étions justement hébergés grâce aux pères Capucins dans un appartement contigu à cette même église.

En bas, dans la cour intérieure, une école maternelle de l'Institut des Sœurs nous avait rappelé l'enfance de Padre Gioacchino lorsque sa maman le conduisait au collège de Marie, près de l'église Saint Giuseppe].

Puis, en début d'après-midi à quatorze heures, après l'absolution par Monseigneur Bova Évêque de Samaria, le corps du défunt père avait été déposé dans le chœur de l'église Mère "Chiesa Madre", plus grand Temple de la Cité.

Le pèlerinage allait se poursuivre jusqu'à une heure tardive, le peuple voulant revoir le visage de Padre Gioacchino, leur bien-aimé père.

Une lumière presque irréelle entourait la sainte dépouille qui offrait encore aux fidèles l'ayant accompagnée une impression de sérénité et de tendresse.

Et bien que son âme s'était envolée vers les cieux le 30 juillet 1905, la population avait enfin retrouvé en ce jour cette protection venue de l'au-delà.

En raison des conférences épiscopales à Patti, Monseigneur Lagumina et Monseigneur Intreccialagli avaient prévenu qu'ils ne pourraient être présents à ces cérémonies.

Pourtant, le matin du 22 avril, l'arrivée inattendue par le premier train, de Monseigneur Lagumina Évêque de Girgenti, avait agréablement surpris tous ceux qui étaient déjà rassemblés à Canicattì pour ce solennel hommage à Padre Gioacchino.

Puis à neuf heures, avait eu lieu la messe de funérailles, cérémonie consacrée aux défunts pour obtenir de Dieu sa miséricorde. Sur la porte de l'église et sur le catafalque se trouvaient des inscriptions dictées par le prêtre Antonio Cassaro.

La mémoire, l'exemple de vertu, d'héroïsme, de sainteté du serviteur de Dieu étaient bien sûr évoqués dans ces louanges pour sa dépouille bénie. Le peuple espérait aussi que le Christ crucifié, que Padre Gioacchino avait tant aimé, puisse le couronner de l'auréole des justes.

Cette messe pontificale avait été célébrée par Monseigneur Gaspare Bova auxiliaire du Cardinal de Palerme avec l'assistance de Monseigneur Lagumina.

Ces funérailles, pour la glorification du fidèle Capucin du Christ, s'étaient annoncées comme un moment de grâce extrême. Tout était réuni pour offrir encore plus de majesté à l'événement.

Déjà, l'église Madre était, à elle seule, le Temple majeur de Canicattì.

Son intérieur, avec ses draperies noires en signe de deuil, les cierges qui se consumaient lentement, la forte odeur de l'encens répandu pour purifier, la lumière filtrant au travers d'une fenêtre et qui venait nimber le corps endormi à tout jamais de Padre Gioacchino, ajoutaient encore à la solennité des lieux.

Puis, il y avait eu les chants des prêtres, les oraisons funèbres et surtout la musique, sous la direction du "Maestro Giuseppe Ginex", qui avait ainsi révélé toute sa virtuosité et son goût artistique.

Le serviteur de Dieu était entouré de gloire et de lumière malgré la pénombre de l'église et cette musique descendait dans l'âme de cet auditoire choisi et privilégié.

En effet, il fallait un billet pour entrer "in chiesa", en raison de la trop grande foule.

C'est le prêtre Mario Musso de Ravanusa qui, chargé par le comité, avait prononcé l'éloge de Padre Gioacchino avant de donner l'absolution à la dépouille.

En cette circonstance particulière et officielle, sa tâche s'avérait difficile car la vie légendaire de Padre Gioacchino était connue de tous et il devait cependant retenir l'attention de cet immense peuple.

Aussi, le prêtre n'avait pas cherché à émouvoir ou à faire verser des larmes ; il avait surtout tenu à rappeler la grande estime et la reconnaissance incontestée des vertus héroïques du modeste et pieux père. Ce mystère, qui avait toujours entouré la vie de Padre Gioacchino, incitait à la réflexion et au silence.

La sincérité du don de sa personne avait marqué chacun des actes de sa vie, rendant à jamais immortelle sa grandeur d'âme.

Par cette nouvelle évocation, la présence de l'homme de Dieu devenait presque réelle, envahissant l'assistance d'une intense émotion. Durant toute son existence, Padre Gioacchino avait su glaner les âmes égarées. Il avait rassemblé un à un les épis pour en former un bouquet, une gerbe qui en ce jour était déposée à ses pieds.

Les paroles du prêtre Mario Musso étaient comme une poésie, un chant célébrant avec art les mérites de Padre Gioacchino. L'orateur, avec la vibrante sincérité de son âme, rendait un pathétique hommage à cet homme, ce poète, ce thaumaturge dont la destinée continuait à nous fasciner et nous émouvoir.

Après ce vibrant discours, le prêtre Pagano avait lu télégrammes et adhésions, reçus du comité.

Puis, le Ministre Provincial des Capucins, le père Antonino de Castellammare était monté en chaire pour adresser à tous ses chaleureux remerciements au nom de l'Ordre, pour ces honneurs rendus à la mémoire de Padre Gioacchino La Lomia.

Ses paroles voulaient démontrer que l'enthousiasme qui régnait autour de la mystique figure de Padre Gioacchino était uniquement la preuve des vertus de cet illustre défunt.

Tous les mérites de ce digne fils de Saint François étaient bien réels.

Ils n'avaient pas été créés ou exagérés par les hommes et le temps ne les avait pas effacés.

Un tendre sentiment demeurait pour sa mémoire que l'on chérissait avec respect.

Et, si tant de personnes étaient présentes pour la glorification de l'humble père, c'était parce qu'une de ses vertus était celle d'un Saint.

Après ce discours émouvant, écouté en silence, le Commissaire Chevalier Cera avait lu quelques lignes à l'assistance, sans doute le meilleur éloge de la journée à Padre Gioacchino.

Le Commissaire disait être fier de pouvoir adresser au noble défunt le salut de l'autorité civile qui avait su comprendre les sentiments et le vœu du peuple en consentant à cette translation.

Et aussi, qu'en ces instants le corps de Padre Gioacchino s'apprêtait à quitter le temple de sa cité natale pour rejoindre le serein asile où il avait passé les dernières années de sa noble existence et où allait converger l'éternel souvenir de ses concitoyens, afin de préserver la gloire de ses vertus.

Il ajoutait encore que désormais le père allait reposer dans ce lieu réservé au culte de cette religion qu'il avait su rendre harmonieusement divine et civile, en même temps qu'il en avait porté l'esprit sublime sur les champs de bataille et parmi les misères sociales.

Que du lointain Continent américain arrivait l'écho de l'admiration et de la gratitude de la nation brésilienne, laquelle par son représentant diplomatique, non seulement avait voulu contribuer à la réalisation du monument par une offrande importante, mais encore l'avait chargé de l'honorifique et agréable charge de le représenter aux cérémonies de ce jour.

De même, l'illustre représentant du gouvernement de leur province, lui avait conféré la même charge regrettant de ne pouvoir intervenir personnellement.

Puis, il s'était adressé aux pères Capucins qui allaient garder perpétuellement le culte de leur très noble confrère, dans ce lieu séraphique consacré aux petits pauvres de Saint François d'Assise. Et enfin, il leur confiait la dépouille vénérée, heureux d'avoir été appelé pour satisfaire la douce aspiration du bon peuple de cette Cité.

Puis, du Dôme, le cortège s'était mis en marche pour rejoindre l'ultime demeure de Padre Gioacchino : "l'église de la Madonna della Rocca". La foule était toujours aussi importante. Des dizaines de milliers de personnes continuaient à accompagner le défunt. L'Évêque de Girgenti Monseigneur Lagumina précédait le cercueil derrière lequel suivait le Maire de Canicattì Diego Gangitano, le Commissaire Chevalier Cera, toutes les autorités et les "dames" de la Cité.

Le parcours allait être le suivant : rue du Dôme, rue Senatore Gangitano, rue Paternò, rue Christophe Colomb, place de Rome (Borgalino), rue du Vingt-Septembre, rue Duc des Abruzzes, rue des Capucins, Madonna della Rocca.

Sur la place Borgalino, le prêtre Avanzato avait prononcé quelques paroles en comparant Padre Gioacchino La Lomia au Saint curé d'Ars, Apôtre français du XIXe siècle.

La dépouille vénérable de l'humble père s'avançait tout doucement, dans un ultime chemin de croix. Padre Gioacchino gravissait une fois encore ces étroites ruelles pavées le conduisant vers "la petite église élue" qui, depuis sept ans, l'attendait.

Dans la gloire de Dieu et de la Sainte-Trinité, son peuple le portait en triomphe.

Et, pendant que l'immense cortège approchait du couvent, la musique et les cloches résonnaient pour fêter le retour "du père". Une joie infinie avait envahi le cœur de chacun, donnant à l'ambiance de la cérémonie un caractère sublime.

Quant à la petite place et les rues avoisinantes, elles ne pouvaient contenir toute la foule de fidèles présents. Le cortège venaient d'arriver au couvent, il était quatorze heures.

Le bon berger avait su rassembler encore le peuple pour l'amener à Dieu.

Les pères Capucins étaient tous là pour accueillir la dépouille du vénéré père. Pour Padre Vincenzo Sena, le Gardien du couvent et Padre Vincenzo de Polizzi, ce jour était bénit car le Seigneur leur avait réservé l'honneur de préparer le triomphe de Padre Gioacchino .

Lorsqu'il écrivait du Brésil à sa sœur Teresa et à son beau-frère Pietro, Padre Gioacchino leur disait que seul le Seigneur pourrait le récompenser de ses travaux.

Et bien, en ce jour, voici que le Seigneur le couronnait déjà de cette couronne inaltérable dont il parlait.

Le Christ et la Sainte Vierge Marie qu'il avait tant aimés, l'élevaient dans l'apothéose d'un Saint.

En ce jour où le ciel ressemblait à de l'or, l'infiniment petit avait rejoint l'infiniment grand, mettant un point d'orgue à une destinée hors du commun. Et pourtant, cette fin n'était que les prémices d'une aube nouvelle à la gloire de Dieu et de son serviteur.

Le grain de blé avait porté ses fruits. Des épis généreux étaient sortis de terre qui allaient à leur tour faire partager au monde un message d'amour et de paix. Mais jamais l'enthousiasme de la population n'avait atteint de tels degrés. Ces glorieuses cérémonies se terminaient dans une digne consécration pour le père vertueux, pour l'Apôtre du Brésil et de la Sicile et surtout pour Padre Gioacchino La Lomia, ce très cher

"Patri Jachinu".

Aussi, le comité, dans une louable pensée et pour contenter les milliers de fidèles, allait décider de laisser le corps exposé, pendant quelques jours. Du matin au soir, les pèlerins venaient se recueillir auprès de cet amoureux de la prière, en espérant pouvoir une dernière fois rencontrer "ce regard qui savait si bien les écouter", malgré les paupières closes à jamais.

Après les cérémonies, des télégrammes et des courriers furent échangés avec le gouvernement brésilien et même le Ministre Flaho auprès du Quirinal à Rome allait faire part de sa satisfaction pour les honneurs rendus à l'illustre père.

Biographie, copie des discours et articles de presse relatant cet événement allaient être transmis à Bruno Chaves, envoyé extraordinaire et Ministre Plénipotentiaire des États-Unis du Brésil auprès du Saint-Siège.

Quant à la presse et en particulier les journaux le "Corriere di Sicilia" de Palerme et le "Cittadino" de Girgenti, elle avait tenu ses lecteurs informés du déroulement de ces journées historiques, par de larges échos.

Finalement, la sainte dépouille dans son urne vitrée était restée quinze jours à la vue des fidèles, afin de permettre encore un dernier adieu.

Puis, le 6 mai 1912 à douze heures, après l'absolution rituelle, le cercueil avait été déposé presque en secret dans son sarcophage.

Le tombeau venait d'être refermé.

Le tombeau de Padre Gioacchino La Lomia

CHAPITRE XI

Foi, dévotion, promesses, grâces

1. Foi, dévotion, promesses, grâces

Padre Gioacchino était seul dans sa nuit, mais sa lumière irradiait le monde et son âme était auprès de Dieu, en paix.

La colombe blanche était venue se poser encore une fois et pour toujours sur la croix de son église.

Maintenant, la "Madonna della Rocca" pouvait poser à nouveau sur lui son regard protecteur et, avec elle, du haut de cette roche il pouvait contempler "son peuple", qui jamais ne l'oublierait.

Dans la quiétude de ces lieux, l'âme de Padre Gioacchino était présente partout.

Et même les hirondelles donnant la becquée à leurs petits, dans les nids sous les arcades du couvent, pouvaient s'attendre à le voir passer en priant, son bréviaire à la main.

Les cyprès[1] étaient toujours là, sur la colline, agités par le vent et leurs cimes touchaient presque l'azur du ciel comme un hymne louant le Seigneur.

Padre Gioacchino les avait plantés, arrosés, soignés, vus grandir, sans se douter peut-être que cent vingt ans plus tard ils seraient un sujet d'inspiration pour l'esprit des artistes.

La terrasse fleurie du couvent, l'église dont les cloches avaient tant carillonné pour annoncer le retour du cher père, cette colline arborée qui dominait toute la belle ville de Canicattì, Joseph Virgone les a désormais immortalisées sur ses toiles et par ses pastels, célébrant ainsi à sa façon la gloire de Padre Gioacchino et du Créateur.

1) Ps 104 : 17 La cigogne a sa demeure dans les cyprès.

Alors, je ne peux passer sous silence ce beau cantique composé par mon mari qui demande à cet apôtre de paix, de laisser tomber une petite fleur sur l'humanité et sur tous ceux qui souffrent et qui l'invoquent.

Cantique
A Padre Gioacchino La Lomia

Padre Gioacchino, vola in cielo con gli Angeli
In un arcobaleno ci porta la luce
A noi che stiamo nell'ombra
Le grazie tutte ci farà

O Padre Gioacchino, la fede e la speranza
L'Amor di Dio ci dà
Dopo un tumulto di pene
La fervente preghiera salvarci ci può

Padre Gioacchino, che tutto abandonaste
Per seguire il Signore Gesù
A coloro che soffrono e v'invocano
Che ottengano la grazia per la vostra bontà

Il vostro Amor, serafico
Verso la Santissima Trinità
Sempre protegge l'infelice
Che devoto e fedele spera in Voi.

O Padre Gioacchino, Apostolo di Pace
Che portaste la buona parola in ogni luogo
Camminando e predicando e con gli Angeli volando
Lasciatelo cadere un piccolo fiore.

Padre Gioacchino Fedele,
Conforto e speranza dell'umanità...
Padre Gioacchino Fedele,
Conforto e speranza dell'umanità...

Giuseppe Virgone

Cantique
À Padre Gioacchino La Lomia

Padre Gioacchino, vole dans le ciel avec les Anges
Dans un arc-en-ciel il nous apporte la lumière
À nous qui sommes dans l'ombre
Les grâces toutes il nous fera.

Ô Padre Gioacchino, la foi et l'espérance
L'amour de Dieu nous donne.
Après un tumulte de peines
La fervente prière peut nous sauver.

Padre Gioacchino, qui avez tout abandonné
Pour suivre le Seigneur Jésus
À tous ceux qui souffrent et vous invoquent
Qu'ils obtiennent la grâce par votre bonté.

Votre séraphique amour
Vers la Sainte-Trinité
Toujours protège le malheureux
Qui dévot et fidèle espère en Vous.

Padre Gioacchino, Apôtre de Paix
Qui avez apporté la bonne parole en tout lieu
Marchant et prêchant et avec les Anges volant
Laissez tomber une petite fleur.

Padre Gioacchino Fedele,
Réconfort et espérance de l'humanité...
Padre Gioacchino Fedele,
Réconfort et espérance de l'humanité...

Joseph Virgone

Et en effet, nombreuses sont ces petites fleurs et ces grâces parsemées par le serviteur de Dieu. Aussi, même un siècle après sa mort, son sanctuaire est devenu un lieu de pèlerinages ininterrompus. Les fidèles viennent du monde entier offrir leurs prières et déposer les blessures de leur cœur sur le tombeau du vénérable père des pauvres.

Entouré d'une multitude de petites veilleuses et de bouquets de fleurs (certains déposés par des jeunes mariés), le Saint tombeau est caressé par mille mains et embrassé pieusement chaque jour. La dévotion pour l'humble père est telle que lorsque son corps avait été exposé, le cercueil avait été dénudé du velours noir, les garnitures avaient disparu et les bois étaient entaillés. Chacun avait voulu garder précieusement une chère relique pour que Padre Gioacchino veille toujours sur leur famille.

Nous avons pu constater personnellement cet incroyable élan de foi pour sa mémoire. Nous étions sidérés de voir des familles entières et même de très jeunes enfants se précipiter pour embrasser la statue à sa gloire, que nous venions juste d'installer et d'amener de France.

Nous sommes donc persuadés que cette flamme d'amour et d'affection envers Padre Gioacchino, sur laquelle veillent tant de fidèles, continuera à brûler sans jamais s'éteindre.

Et parfois du ciel, accompagné par les Anges, le serviteur de Dieu laisse tomber encore quelques fleurs sur ceux qui l'invoquent avec ferveur, pour la gloire de Dieu.

Voici donc quelques évocations de certains faits prodigieux survenus après la mort de Padre Gioacchino.

• Le 7 décembre 1916, Bettina Buccella de Ortona (l'Aquila), écrivait de Boston Capitale du Massachusettes aux États-Unis, que sa fillette Maria à l'âge d'environ trois ans ne se tenait pas encore debout par paralysie aux jambes.

Elle s'était adressée avec foi à Padre Gioacchino et tout de suite sa petite avait commencé à marcher.

• Giuseppina Buchero de quinze ans d'Altavilla Milicia en 1916, après une visite effectuée par quatre médecins de Palerme, fut reconnue atteinte de t.b.c. au sommet des deux poumons et en danger imminent de perdre la vie. Ayant entendu parler des prodiges qui s'opéraient par l'intercession de notre serviteur de Dieu, elle l'avait prié avec ferveur pour sa guérison.

Durant son sommeil, Padre Gioacchino lui était apparu et lui avait dit : *Prends ce livret. Demain, tu auras une consolation.* À son réveil, la fièvre avait disparu et rapidement elle s'était sentie complètement guérie, à la surprise de ses médecins.

• La petite Lauricella Carmela de onze ans se trouvait affectée de méningite cérébro-spinale avec perte de la vue et convulsions. La voyant ainsi diminuée, ayant perdu la parole, le Professeur Gangitano qui l'avait visitée avait dit à la mère de préparer le nécessaire pour les funérailles.

Le cœur de cette mère désespérée ne se résignant pas à la perte de son enfant, s'était adressé à Padre Gioacchino, le priant d'opérer le prodige qui le porterait aux honneurs de l'autel. Un matin la petite, comme si elle s'était éveillée d'un long sommeil, avait appelé sa maman qui veillait à son chevet, en lui disant :

Tu sais maman, je vois !

Ses yeux en effet s'étaient réanimés. Elle était parfaitement guérie, comme l'avait déclaré le docteur Pietro Corbo, médecin chirurgien de Canicattì, le 5 mars 1934.

• Le petit Pietro Angelo de Calogero, affecté de fièvre typhoïde particulièrement grave avait été admis à l'hôpital de Canicattì. Mais, malgré les soins prodigués, son état s'était rapidement dégradé. En même temps, les médecins devaient constater que le mal s'était compliqué par un grave abcès derrière l'oreille droite.

Il fut donc déclaré en fin de vie et transporté chez lui le 22 juillet 1950.

Sa mère et certains parents qui ne pouvaient se résoudre à la perte du petit trésor, se rendirent sur le tombeau de Padre Gioacchino et avec larmes et prières demandèrent la guérison de l'enfant. De retour en famille, ils attendirent confiants le miracle. Et, en effet, le petit commença à aller mieux jusqu'à sa complète guérison.

Maintenant, je voudrais parler d'un miracle qui ne se trouve enregistré dans aucune biographie du Saint homme et qui nous a été communiqué fin juin 2002 par Padre Gaspare Lo Nigro.

• Ce miracle : "le sorbo miraculeux", s'est passé à Canicattì au lieudit, la Queue de renard.

Vers la fin septembre, les frères Capucins passaient quêter avec leurs mules afin de recueillir auprès des propriétaires, raisins, vin nouveau ou même amandes, lorsque Canicattì était une véritable plantation d'amandiers, avant d'être une culture unique du "raisin Italia".

Ces quêteurs Capucins ne repartaient jamais les mains vides car, si les bienfaiteurs étaient parfois démunis d'argent, ils ne l'étaient jamais des fruits de la terre qu'ils cultivaient amoureusement.

Cette année, Padre Gioacchino s'était présenté personnellement au riche sellier Alfonso Russo, qui gérait le pressoir, pour quêter l'aumône "élargie".

Le propriétaire n'avait pas refusé, mais gêné, avait fait remarquer que l'année ne permettait pas une grande générosité, la sècheresse et les insectes ayant causé des dégâts. Padre Gioacchino avait tapoté l'épaule de l'oncle Alfonso en disant :

Courage, le Seigneur pourvoira. Donne ce que tu peux à Saint François et reste content.

En disant ceci, il s'était appuyé à un "sorbo" desséché par la chaleur estivale et sans aucun fruit sur ses branches.

Le toucher des saintes mains de Padre Gioacchino avait fait reverdir l'arbre beaucoup plus rapidement et mieux qu'une bonne pluie. L'arbre s'était chargé de fruits, non seulement pour cette année de sécheresse mais aussi pour les années à venir.

Les fruits furent toujours abondants et de bonne qualité par leur grosseur et leur saveur exquise.

Ce miracle fut connu grâce au récit du neveu d'Alfonso Russo, le professeur Vincenzo Vaccaro. Alfonso Russo est mort en 1955 à l'âge de quatre-vingt cinq ans et, avant que le Seigneur l'appelle au repos éternel, il avait raconté ce fait extraordinaire à son neveu Vincenzo.

Voici encore un autre récit dont les éléments nous ont été adressés, presque en même temps que le précédent.

• C'est de Crémone en Italie, où elle réside, que Giuseppa Zerillo a informé les pères Capucins de Canicattì de certains faits survenus en 1966, concernant sa mère gravement malade.

Âgée de cinquante et un ans, cette mère de trois enfants était atteinte depuis des décennies de maladie rénale et de grave azotémie. Après de longs soins et séjours hospitaliers, elle se trouvait dans un lit agonisante.

Devant le prêtre qui lui donnait l'Extrême-Onction, devant des parents, ses enfants et son mari, après de longues heures d'agonie, elle avait ouvert sereinement les yeux en disant avec joie qu'un miracle venait d'être fait et qu'elle allait bien.

Dans un demi-rêve, elle avait vu autour de son lit : Padre Gioacchino, Padre Ludovico de Naples et Saint Joseph, qui parlaient de sa fin prochaine. Néanmoins, ils lui concédaient un an de "sursis" à condition de faire trois choses pour eux.

– Padre Ludovico lui demandait de porter le même habit que lui.

– Padre Gioacchino de faire sonner en son honneur à minuit les cloches des trois églises du pays.

– Saint Joseph avait demandé de faire pour le 19 mars (jour de sa fête) le pain pour les pauvres.

La promesse à ces trois Saints fut tenue. Les mois avaient passé dans la prière, mais la "prolongation" concédée se terminait. En janvier 1967, son état s'était aggravé et à sa famille inquiète, elle avait révélé la vérité.

Le 23 février 1967, cette mère mourait le sourire sur les lèvres en caressant la tête de son fils, agenouillé à son chevet.

Après l'évocation de cette vision, la simplicité du caractère de ces trois grands serviteurs de Dieu apparaît dans chacune de leur demande.

– Le Padre Ludovico, le Bienheureux Padre Ludovico de Casoria (Naples) était un Franciscain natif de Casoria, très proche des pauvres gens et des humbles.

Sa demande symbolique, de porter le même habit que lui, était sans doute une façon de mettre en évidence ce froc si cher à Saint François d'Assise.

Se dépouiller de tout...

Honorer Dieu et l'Ordre par la pauvreté.

– Le vénérable Padre Gioacchino, même avec l'âge, avait toujours gardé son caractère enjoué et juvénile.

Le souvenir de ses enfantillages et de ses sottises perturbant la Cité, se retrouvait un peu dans sa demande insolite : faire sonner les cloches à minuit. Aller réveiller la population jusqu'à Crémone était encore une sorte d'amusement, mais cette fois tout à la gloire de Dieu et de son fidèle serviteur, comme lorsqu'elles avaient sonné pendant les cérémonies à Canicattì.

– Saint Joseph, le juste Joseph qui fut l'époux de la Sainte Vierge Marie et le père nourricier de Jésus-Christ, avait demandé de faire le pain pour les pauvres.

Le pain, cet aliment lui aussi symbolique qui triomphe sur les autels et qui célèbre la renaissance miraculeuse. Les pains de Saint Joseph, ce Père des peuples, représentent et fêtent la Sainte-Famille.

Le blé évoque l'abondance, les moissons, le bonheur et tout simplement la vie.

Et puis, comment ne pas évoquer la multiplication des pains par le Christ ou la Cène, dernier repas avec ses Apôtres, la veille de sa Passion.

À Canicattì, dans la belle église de la "Madonna della Rocca", se trouve d'ailleurs un grand tableau, œuvre de jeunesse de Joseph Virgone, repésentant la Cène de Philippe de Champaigne.

Lorsqu'on parle des pains de Saint Joseph ou de la Sicile, ce sont aussi les fastueuses fêtes de la foi chrétienne qui viennent à l'esprit. Cette consécration des pains donne lieu à des processions où, dans les rues, défilent des carrioles parées de centaines de couronnes de pain, des statues de Saints ornées de fleurs, des croix entourées d'épis de blé.

Ce pain bénit, ces figurines symbole de l'abondance, ces gigantesques tableaux réalisés en pains "sculptés" en forme d'anges, d'oiseaux, de fruits (véritables œuvres d'art), sont ensuite consommés pour leurs vertus miraculeuses ou gardés en dévotion comme une sainte relique.

Il y a aussi les "tables de Saint Joseph" comme nous avons d'ailleurs pu en admirer à Sommatino. Ce sont de véritables autels sur lesquels sont déposés mille gâteaux, friandises, petits pains, au milieu de fruits exotiques, d'agrumes, de raisins, de fleurs et de gerbes de blé.

Ces "chapelles éphémères" sont parées de précieuses nappes brodées, de draperies et de voilages en dentelle qui entourent des statuettes d'Anges et de Saints. Puis, des enfants qui personnifient la Sainte-Famille sont les hôtes d'un banquet auquel participent pauvres et invités.

Non seulement la ferveur du peuple se clame dans les rues, au cours de ces processions ou célébrations, mais aussi dans ces familles qui ont fait le vœu de réaliser pour Saint Joseph, Père de la Providence, ces chef-d'œuvres de piété.

Aussi, devant tant de ferveur et de croyances, il n'est pas surprenant que les Saints invoqués accordent à certains des grâces ou une intercession bénéfique.

Et pour cela, certains fidèles sont prêts à accomplir des "promesses" montrant leur foi, en partant pour un pèlerinage lointain ou en donnant une offrande généreuse à l'Église.

De son vivant, Padre Gioacchino avec son charisme pouvait même anticiper des événements lointains, comme le montre une anecdote parue sur le feuillet de juillet-août 1999 de : "Per Grazia Ricevuta", de la Vice-Postulation à Canicattì.

• Pendant les fêtes, un cordonnier, se rendait dans les pays voisins pour vendre ou livrer des chaussures à ses clients. À Delia, un jour, l'un deux lui avait confié "une promesse" pour Padre Gioacchino. Le brave cordonnier était anxieux de la livrer à son destinataire.

Lorsqu'il s'était présenté au monastère des Capucins, Padre Gioacchino lui avait dit tout simplement : qu'il l'attendait avec le paquet de la promesse, de Delia.

Cela nous incite à la réflexion.

Les Saints attendraient-ils que les promesses soient véritablement tenues ? On peut le supposer. C'est pour cela que l'on doit toujours, coûte que coûte, aller jusqu'au bout de ce qui a été promis et peut-être même souhaité par les Saints eux-mêmes.

Ainsi, "la statue de Padre Gioacchino", cette œuvre réalisée en France en 1996-1997, par mon mari, au prix de mille sacrifices, est aussi une promesse faite à ce Saint homme afin qu'il nous accorde son secours et sa divine protection.

Parfois, au cours d'une existence, lorsque le destin s'acharne pour vous ensevelir sous une avalanche de malheurs perpétuels et que la vie devient un calvaire, on se sent tellement désemparé, tellement abandonné, qu'il devient vital de se raccrocher à une pieuse image ou à un Saint pour ne pas sombrer dans le désespoir.

Aussi, afin d'épancher son âme et son cœur, l'artiste a pu trouver dans la spiritualité, refuge, réconfort et planche de salut.

Puis, un jour, à force d'invoquer le ciel et tous ses Saints, Joseph Virgone a promis :

"Une statue pour Padre Gioacchino".

Pendant les six mois de sa création il a confié à Padre Gioacchino, par cette sculpture, ses désillusions, ses souffrances et ses blessures morales, avec la volonté d'accomplir une œuvre de foi. Effondré, meurtri, pleurant parfois en chantant l'Ave Maria, il a su traduire cette espérance en représentant Padre Gioacchino comme un messager de paix, apportant réconfort et bonheur à celui qui garde espoir.

D'ailleurs, souvent, lorsqu'il était découragé par l'ampleur de sa tâche, l'artiste se sentait guidé, inspiré et soutenu par une main divine. Et il lui a vraiment fallu une aide spirituelle, une sorte de présence venue des cieux, pour l'accompagner dans cette mission au service de l'Art et de la Religion.

Padre Gioacchino souhaitait et espérait peut-être cette œuvre (plus de six cents kilos, deux mètres de hauteur), qui le représente plus grand que nature, Lui, ce grand religieux, ce géant de vertus héroïques.

Dans ses mains, une Bible ou un livre de prières nous évoque sa vie apostolique, sa vie de Capucin missionnaire.

Les deux angelots qui soutiennent cet Apôtre aux mains secourables et salvatrices, en tenant des guirlandes de fleurs, semblent le porter au ciel et anticiper un jugement de glorification et de sanctification, que nous désirons tous.

Et, lors de l'installation de cette sculpture en Sicile dans le musée du Sanctuaire de Padre Gioacchino à Canicattì, l'emplacement choisi nous avait paru attendre depuis toujours son arrivée.

C'était une très curieuse impression. On aurait dit que cet endroit était réservé de longue date pour la recevoir et l'accueillir.

Il y avait même déjà une grande croix fixée au mur qui allait la surmonter, comme pour rappeler que du haut du ciel Dieu veillait sur ses Saints et sur l'humanité.

Mais, sans l'accord de Padre Gaspare Lo Nigro, Supérieur du couvent et son grand "OUI", rien n'aurait été possible. Si les pères Capucins avaient refusé ce don, que serait devenue cette statue jaillie du cœur et de l'âme de l'artiste ?

Car ce n'est pas une œuvre banale d'un quelconque créateur à la recherche d'un peu de notoriété ou uniquement motivé pour en tirer des profits personnels.

Cette statue, cette promesse, a une longue histoire que j'ai d'ailleurs racontée dans un livret, encore inédit, intitulé :

"Une statue pour Padre Gioacchino ou la foi d'un homme".

Nous en avons d'ailleurs fait parvenir un exemplaire à sa Sainteté le Pape Jean-Paul II au Vatican. C'est Monseigneur P. Lopez Quintana Assesseur qui nous a transmis le 29 juillet 2000, par la Nonciature Apostolique de Paris, les remerciements du Saint-Père.

Le Saint-Père nous accordait aussi volontiers sa Bénédiction en nous confiant à l'intercession de Notre-Dame.

Dans cette œuvre réalisée avec des sentiments profonds, avec des larmes, avec son âme, Joseph Virgone a scellé un message d'espérance pour tous ceux qui souffrent dans leur chair et dans leur cœur comme Job a souffert.

Aussi, bien que cette promesse avait souvent semblé une utopie, elle était désormais réalisée.

Après une messe dominicale et une cérémonie inaugurale, Padre Gaspare Lo Nigro avait béni solennellement "la statue de Padre Gioacchino", désormais installée sur son piédestal en pierre, revêtu de marbre.

L'année suivante, en mai 1998, l'artiste invité par les pères Capucins, avait exposée quatre-vingts œuvres (huiles, pastels, dessins, sculptures...) dans la salle des Pèlerins au monastère.

Mais, de nous retrouver encore une fois dans ce lieu Saint nous donnait l'impression et même la certitude, que tout ceci était voulu de Dieu et que nous avions "une autre mission à accomplir", sans vraiment pouvoir la définir.

Cependant, au fond de notre cœur, nous avions déjà l'absolue conviction "qu'un autre devoir" nous appellerait bientôt.

Et en effet maintenant en 2002, “ce devoir” est apparu clairement.

Nous nous sommes attelés à “une œuvre sainte” avec la réalisation de ce modeste livre en français à la gloire de Padre Gioacchino La Lomia, vénérable Saint homme.

Même si je suis seule avec mes grandes difficultés d’écriture et de recherches biographiques, j’ai avec moi deux aides précieuses :

– Mon mari bien sûr, en France, qui m’aide dans mes traductions d’italien, me conseille, m’incite et me pousse à travailler avec assiduité en déposant presque chaque jour devant moi un bouton de rose du jardin.

– Padre Gaspare Lo Nigro qui, malgré son âge, sa grave maladie et ses souffrances physiques et morales, m’envoie régulièrement de Sicile de précieux documents d’archives, ou de récentes informations.

Tous deux, par leur présence, leurs pensées ou leurs prières, m’encouragent à parvenir au sommet de cette montagne inaccessible.

Parmi ce courrier d’une extrême importance, reçu de Canicattì, se trouvent toujours des témoignages de dévotion, de nombreuses grâces et miracles obtenus de Padre Gioacchino La Lomia ces dernières années.

• Le 31 mai 1998 s’étaient présentés à la Vice-Postulation de Canicattì Luigi Curtopelle avec sa femme Diega Di Puma, qui avaient fait la suivante relation d’une grâce signalée attribuée à l’intercession du serviteur de Dieu Padre Gioacchino.

Le fait était arrivé trois ans plus tôt en campagne.

Il avait été mis en traction un câble d’acier qui s’emploie dans les vignobles pour plier ou redresser les piquets.

Après une dévote invocation à Padre Gioacchino, le travail avait commencé. Le câble était neuf. Pourtant, après quelques secondes, il s’était cassé et avait frappé la paupière de l’œil droit de Luigi Curtopelle, la tranchant presque complètement en la laissant cependant attachée à l’œil par quelques millimètres de peau. L’hémorragie était abondante, mais l’œil était indemne.

Cet homme avait alors eu la présence d’esprit de prendre sa voiture et de se rendre au service des urgences de l’hôpital civil de Canicattì.

Le médecin de ce service, le docteur Lauricella avait demandé à l’infortuné :

Mais qui est votre Saint protecteur ?

La réponse avait été : Padre Gioacchino.

Le médecin avait ajouté : *Alors, remerciez-le, car ceci est un vrai miracle.*

Le docteur Lauricella avait exécuté la suture et les premiers soins, puis avait envoyé le patient à l'hôpital d'Agrigente. Ici, même demande de la part des soignants et même étonnement.

Après huit jours passés à l'hôpital d'Agrigente, il avait pu sortir.

En ce jour, les époux Curtopelle étaient venus remercier le Seigneur et son serviteur.

Cet homme avait donc l'habitude d'invoquer chaque jour Padre Gioacchino avant de commencer son travail dans les terres. Pourtant, malgré sa grande dévotion au Saint homme et ses invocations, l'accident grave était arrivé.

Mais, il fallait sans doute que ce malheur survienne afin que le monde entier en soit informé et comprenne que si cet homme n'avait pas perdu la vue ou même la vie, c'était vraiment grâce à un miracle de Padre Gioacchino, ce serviteur de Dieu.

Voici une autre invocation :

• Le soir du 11 décembre 1977, Cristina Marfia revenait de Palerme en se dirigeant vers Altofonte où elle habitait. Sa course ayant été ralentie par un trafic inaccoutumé, elle avait pensé à un accident de la route. Ce n'était pas une supposition, mais bien une réalité. Un camion avait massacré gravement une voiture et l'on était en train d'extraire une victime.

Dévote à Padre Gioacchino, sa pensée avait été : *Sauvez-le, qui que ce soit.* Cette invocation spontanée venait du profond de l'âme. La blessée était sa cousine : Mariuccia Francesca Di Quarto, une femme de quarante-deux ans. Il ne lui restait qu'un fil de vie. Étaient atteints : les poumons, la tête, le foie, les artères.

Elle n'avait pas cessé de prier pour sa cousine et de la recommander à l'intercession de Padre Gioacchino. Aux alentours de Noël les médecins étaient convaincus qu'il n'y avait plus rien à faire.

Pourtant, peu à peu, elle s'était rétablie et début mars 1998 elle avait pu retourner vivre parmi les siens.

Voici deux autres faits relatés :

• Fin août 1999, les époux Li Calzi-Candiano de Turin sont allés aussi relater un fait concernant leur fille Laura qui, en septembre 1998, avait fait une chute de douze mètres en tombant du troizième étage, et s'en était sortie presque indemne. Elle était tombée à cinquante centimètres des pavés sur le jardin herbeux qui avait amorti l'impact et un buisson lui avait servi de coussin, diminuant ainsi les dommages.

À part une semaine de coma dû à un hématome au cerveau et une blessure au coude et à la mâchoire, elle avait pu au bout d'un mois retourner à la maison, à la grande joie de ses parents.

À sa sortie, un infirmier avait remis à la mère la petite bague de "Padre Gioacchino" que leur fille portait toujours au doigt étant très croyante.

• Antonietta Taglierini de Montedoro a raconté avoir eu un rêve dans lequel était apparu, un frère Capucin. Dans ce rêve terrifiant, elle voyait un cheval et un mulet emballés ; derrière les bêtes, apparaissait la figure d'un frère avec l'habit franciscain. Elle avait pensé tout de suite à Padre Pio[1], ne connaissant pas Padre Gioacchino La Lomia et ne l'invoquant pas.

Dans les jours suivants, elle avait raconté ce rêve à une de ses amies, laquelle lui avait montré une image de Padre Gioacchino.

Elle le reconnut : le frère, c'était vraiment lui, qui l'encourageait et lui assurait qu'elle serait guérie.

En effet, après ce rêve, elle s'était sentie mieux et ses crises dépressives s'étaient raréfiées.

Des grâces reçues pourraient être énumérées par centaines, car la Vice-Postulation continue à recevoir régulièrement des témoignages qui sont transcrits et enregistrés dans des actes. Mais, pour l'instant, il ne nous appartient pas de juger tous ces miracles, tous ces événements extraordinaires.

Seule la Sainte Église donnera son jugement lors du Procès de canonisation.

Cependant, je voudrais encore évoquer deux faits inscrits dans le manuscrit de 1935 de Padre Sena et qui ont rapport avec "la confiance".

– Un homme, assis sur un rocher, avait entendu par trois fois une voix lui disant : "Enlève-toi de là". À la troisième fois, il s'était levé. Il avait à peine fait trois mètres qu'une grenade était tombée sur la pierre, la faisant éclater et blessant mortellement un compagnon qui n'avait pas voulu bouger de là.

– Le Grand Chancelier de Don Pedros II, Girolamo Hada Boffek, conseillait à la police provinciale de Minas Gerais (Brésil) préoccupée par le soulèvement des Indiens, d'envoyer de toute urgence parmi ce peuple en révolte, un moine de la Sicile italienne du nom de Gioacchino La Lomia, comme étant l'homme du moment, sachant conduire le peuple à l'ordre et à l'observation des lois.

Pour l'éclairer sur cet homme, il avait ajouté un post-scriptum le caractérisant :

Un moine de moyenne stature, avec le regard doux comme un lac, avec la voix "sonnante" et pleine de charme, un moine Capucin que le peuple connaît et qui sait aussi l'appeler : Père !

1) Padre Pio de Pietrelcina "Le Capucin aux stigmates" a été canonisé par Jean-Paul II le 16 juin 2002.

L'Église Madonna della Rocca

Que se mettent à sa disposition chaque autorité et chaque chose, avec la confiance d'obtenir ce que les troupes impériales ne pourraient pas dans de tels événements.

Tout était donc basé sur la confiance à Padre Gioacchino. Alors, nous aussi, avec confiance, laissons-nous porter jusqu'au sanctuaire de Canicattì où le vénérable père saura toujours, avec l'aide du Seigneur, nous donner[1] espoir, patience et réconfort.

L'église Madonna della Rocca

Vague... Présente et forte, ma pensée va...
Toujours, vers cette église
Où vécut Padre Gioacchino ;
Dans ces jardins d'oliviers et cyprès,
Qu'un jour lui-même planta.
Avec confiance je me laisse porter...
Mon esprit survole, se promène ou s'arrête,
Devant la cellule de l'humble père.
Combien de prières, soupirs et plaintes !...
Combien d'espérance en celui qui pleura.
Nos péchés il voulut se prendre,
Comme Jésus-Christ notre Sauveur ;
Et avec des chaînes son corps il blessa.
Il s'en est vu des miracles !...
Il en venait des gens de loin !...
À pied, pieds nus, faisant pénitence ;
Encore aujourd'hui, on en voit avec fréquence.
La Foi est forte et pousse chacun de nous,
Vers celui qui repose là-dedans,
La belle petite église et son couvent,
Pour demander pardon, réconfort et contentement,
À Padre Gioacchino notre bienheureux Saint.

Joseph Virgone

1) Mt 11 : 28-29-30.

La Chiesa Madonna della Rocca

Vago... Presente e forte, il mio pensiero và...
Sempre, verso quella chiesa
Dove visse Padre Gioacchino ;
In quei giardini di uliveti e cipressi,
Che un dì Lui stesso piantò.
Con fiducia mi lascio portare...
La mia mente sopravvola, passeggia o fà sosta,
Davanti la cella dell' umile Padre.
Quante preghiere, sospiri e lamenti !...
Quante speranze in colui che pianse.
I nostri peccati si volle pigliare,
Come Gesù Cristo nostro Salvatore ;
E con catene il suo corpo ferì.
Se ne videro miracoli !...
Ne veniva gente da lontano !...
A piedi, scalzi, facendo penitenza ;
Ancor oggi, se ne vede con frequenza.
La Fede è forte e a tutti ci spinge,
Verso colui che riposa li dentro,
La bella chiesetta ed il suo convento,
Per domandare perdono, conforto e contento,
A Padre Gioacchino nostro beato Santo !

Giuseppe Virgone

Pour le jubilé 2000, il a été réalisé une "Via Crucis" en céramique et fer forgé par les artistes Lillo Costanza et Vincenzo Spoto. Ce chemin de croix, où l'humble père est représenté sur chacune des quinze stations, part de sa maison natale et va jusqu'à sa chère église. À l'intérieur, un Christ nous ouvre les bras pour nous accueillir, avec à ses côtés une très belle sculpture de la Sainte Vierge Marie : "La Madonna della Rocca". Dans le chœur, on reste émerveillés par le magnifique autel en bois sculpté. De nombreuses œuvres d'art enrichissent l'église : peintures, sculptures, vitraux de nombreux saints (Saint François d'Assise, Sainte Claire...). Un autre grand vitrail réalisé par Vincenzo Curto, artiste de Canicattì, représente le triomphe de la Vierge Marie entourée par des anges, des saints et des pères Capucins.

Puis, dans la chapelle où le corps du vénérable Padre Gioacchino repose, notre esprit sera apaisé par la solennité du lieu et par la douce pénombre qui entoure le tombeau. Seule la lumière du jour est filtrée par d'autres très beaux vitraux qui retracent sa vie et évoquent ses miracles.

Après lui avoir confié nos peines, nos tourments, et avoir allumé un cierge, nous pourrons nous recueillir devant la petite et austère cellule où pendant vingt-cinq ans, l'humble père a prié pour nous.

Enfin, dans le musée du Couvent, parmi d'autres œuvres d'art dont la statue de Padre Gioacchino, des vitrines gardent précieusement des reliques, objets familiers du CHER PÈRE : vêtements sacerdotaux, cilices, Crucifix... et,

"sa couronne d'épines".

Conclusion

Aussi, aujourd'hui, c'est "UN CHANT DE GLOIRE" qui s'élève comme un espoir pour Padre Gioacchino dont le nom, la mémoire et les vertus héroïques sont un exemple pour chacun d'entre nous. Les "tempêtes", n'ont d'ailleurs pas empêché cet hymne, inspiré par la sainte vie du serviteur de Dieu, de parvenir jusqu'à la voûte céleste et de réjouir les Anges.

Et de cette vie, le cher Père en a fait aussi une œuvre d'art aux multiples facettes, précieuse et lumineuse comme les diamants du Brésil.

Alors, espérons tous que le souffle de DIEU permettra la béatification et la canonisation de l'humble Capucin sicilien, du Vénérable Gioacchino de Canicattì.

Qu'il me soit permis aussi de remercier DIEU de m'avoir aidée à écrire, malgré les difficultés, ce livre à la gloire de l'un de ses Serviteurs, et pour cet honneur d'avoir pu évoquer, avec le plus grand respect,

"LA VIE D'UN SAINT".

Et, puisque Padre Gioacchino épanchait souvent son cœur en écrivant d'émouvantes et sublimes poésies, je terminerai avec une parole du Saint poète de Nole que notre très cher Saint-Père le Pape Jean-Paul II a cité dans sa lettre aux artistes :

Notre unique Art est la Foi et le CHRIST est notre Chant.

AMEN

ILLUSTRATIONS

Œuvres et photos par Joseph Virgone

Table des matières

Chapitre II
L'APPEL À LA VOCATION RELIGIEUSE

Chapitre III
FORMATION RELIGIEUSE

Chapitre IV
MISSIONNAIRE AU BRÉSIL

Chapitre V
Dans les forêts vierges

Chapitre VI
Retour dans la patrie

Chapitre VII
L'Apôtre de la Sicile

Chapitre VIII

LES VERTUS DE PADRE GIOACCHINO

Chapitre IX

DÉPART VERS LE CIEL

Chapitre X

LA TRANSLATION

Chapitre XI

Foi, dévotion, promesses, grâces

Imprimé en juin 2003
par FRANCE IMPRESSION
38220 VIZILLE - FRANCE
TÉL. 04.76.68.00.96 - FAX: 04.76.68.19.56
E mail : imprim.vizille@wanadoo.fr
Dépôt légal :
2e trimestre 2003
pour le compte de la Vice-Postulation
Couvent des Pères Capucins
92024 CANICATTÌ (Ag) - Sicile
ISBN: 2-9520210-0-7